AUTORE

Eduardo Manuel Gil Martínez (25 giugno 1970) è uno storico e appassionato della storia spagnola da diversi anni, principalmente sulla seconda guerra mondiale e l'età della Reconquista. Autore di numerosi testi sulla seconda guerra mondiale per riviste spagnole e italiane come "Revista Española de Historia Militar", AMARTE, "Ritterkreuz" o " Le forze dell'asse nella seconda guerra mondiale 1939-1945". Oltre al titolo che pubblichiamo è anche l'autore di: "Sevilla Reina y Mora. Historia del reino independiente sevillano. Siglo XI", "Breslau 1945. El último bastión del Reich", "Gli spagnoli nelle SS e nella Wehrmacht. 1944-45. L'unità Ezquerra nella battaglia di Berlino", "L'aeronautica bulgara nella seconda guerra mondiale. L'alleato dimenticato della Germania", "Forze corazzate rumene nella seconda guerra mondiale", "Forze corazzate ungheresi nella seconda guerra mondiale", "Aeronautica spagnola nella seconda guerra mondiale", "Hispano Aviación Ha-1112" (sull'ultimo Messerschmitt 109 mai costruito in Spagna) e altri testi per importanti editori come Almena, Kagero, Schiffer e Pen & Sword.

Juan Arráez Cerdá è un esperto di aviazione spagnola e proprietario di una delle migliori collezioni di immagini dell'aviazione spagnola. È autore di numerosi libri e articoli sull'aviazione (in francese e spagnolo).

PER LE FOTO SI RINGRAZIANO:
LET: LUIS EUGENIO TOGORES
CCJ: CARLOS CABALLERO JURADO POR MEDIO DE JUAN ARRÁEZ CERDÁ
NEG: NEGREIRA POR MEDIO DE JUAN ARRÁEZ CERDÁ
BIBLIOTECA VIRTUAL DE DEFENSA (BVD)
JUAN ARRÁEZ CERDÁ (JAC).

PUBLISHING'S NOTES

None of unpublished images or text of our book may be reproduced in any format without the expressed written permission of Luca Cristini Editore (already Soldiershop.com) when not indicate as marked with license creative commons 3.0 or 4.0. Luca Cristini Editore has made every reasonable effort to locate, contact and acknowledge rights holders and to correctly apply terms and conditions to Content. Every effort has been made to trace the copyright of all the photographs. If there are unintentional omissions, please contact the publisher in writing at: info@soldiershop.com, who will correct all subsequent editions.
Our trademark: Luca Cristini Editore©, and the names of our series & brand: Soldiershop, Witness to war, Museum book, Bookmoon, Soldiers&Weapons, Battlefield, War in colour, Historical Biographies, Darwin's view, Fabula, Altrastoria, Italia Storica Ebook, Witness To History, Soldiers, Weapons & Uniforms, Storia etc. are herein © by Luca Cristini Editore.

LICENSES COMMONS

This book may utilize part of material marked with license creative commons 3.0 or 4.0 (CC BY 4.0), (CC BY-ND 4.0), (CC BY-SA 4.0) or (CC0 1.0). We give appropriate attribution credit and indicate if change were made in the acknowledgments field. Our WTW books series utilize only fonts licensed under the SIL Open Font License or other free use license.

For a complete list of Soldiershop titles please contact Luca Cristini Editore on our website: www.soldiershop.com or www.cristinieditore.com. E-mail: info@soldiershop.com

IN MEMORIAM: Eduardo Gil e Juan Arráez

Titolo: **VOLONTARI SPAGNOLI IN GERMANIA NELLA SECONDA GUERRA MONDIALE - VOL. 1**
Code.: **WTW-058 IT** di Juan Arráez Cerdá ed Eduardo Manuel Gil Martínez
ISBN code: 9791255891185 prima edizione maggio 2024
Lingua: Italiano. Dimensione: 177,8x254mm. Cover & Art Design: Luca S. Cristini

WITNESS TO WAR (SOLDIERSHOP) is a mark of Luca Cristini Editore, via Orio, 33/D - 24050 Zanica (BG) ITALY.

WITNESS TO WAR

VOLONTARI SPAGNOLI IN GERMANIA NELLA SECONDA GUERRA MONDIALE - VOL. 1

WEHRMACHT, WAFFEN SS E SD

PHOTOS & IMAGES FROM WORLD WARTIME ARCHIVES

JUAN ARRÁEZ CERDÁ
EDUARDO MANUEL GIL MARTÍNEZ

BOOKS TO COLLECT

INDICE

PREFAZIONE..5

RELAZIONI POLITICHE TRA SPAGNA E GERMANIA DURANTE LA SECONDA GUERRA MONDIALE..9

LA DIVISIONE BLU (1941-1943)..17

    Formazione...17

    Distribuzione...27

    Fronte di Leningrado: Novgorov..27

    Fronte del fiume Volkhov..28

    L'impresa del lago di Ilmen...47

    La battaglia di Krasny Bor...52

    Rimpatrio...81

BIBLIOGRAFIA..96

▲ Una manifestazione di volontari falangisti per combattere contro l'Unione Sovietica (JAC).

PREFAZIONE

Durante la Seconda guerra mondiale, la Spagna non vi partecipò come entità nazionale, anche se molti spagnoli vi presero parte, sia da una parte che dall'altra.

Dopo la guerra civile spagnola, il regime di Francisco Franco era moralmente e materialmente in debito con la Germania di Adolf Hitler e con l'Italia di Benito Mussolini e questo, unito all'affinità con quei governi, portò ad allineare la Spagna all'Asse.

Poiché la situazione in Spagna dopo tre anni di guerra era tutt'altro che adeguata a nuovi scontri, e Francisco Franco ne era consapevole, non si giunse mai a tale alleanza.

L'invasione dell'Unione Sovietica da parte delle truppe dell'Asse diede al governo spagnolo l'opportunità di soddisfare la richiesta di molti ex combattenti e di giovani che non avevano avuto l'opportunità di combattere nella guerra civile spagnola di continuare la lotta contro il comunismo che era già iniziata nel confronto spagnolo.

Questo clamore si trasformò nella Divisione Volontaria Spagnola (DEV), che è diventata popolarmente nota come Divisione Blu (DA). Essendo stati reclutati come volontari per combattere contro i sovietici, erano in gran parte persone con forti convinzioni ideologiche, il che significa che, quando si trattava di combattere, si comportavano con uno slancio e un coraggio incommensurabili nonostante la complicata situazione che dovevano affrontare sul fronte settentrionale sovietico.

Ma la situazione della Seconda Guerra Mondiale, e le forti pressioni degli Alleati per il ritiro delle truppe spagnole sotto il comando tedesco, portarono il governo spagnolo a considerare la possibilità di rimpatriare la Divisione Blu (integrata nell'esercito di terra tedesco) e lo Squadrone Blu (integrato nell'aviazione tedesca). Tra le pressioni che portarono al ritiro della Divisione Blu nel novembre 1943 c'era la minaccia alleata di invadere le Isole Canarie. Ma poiché le circostanze erano politicamente abbastanza complesse da mantenere un equilibrio tra l'Asse e gli Alleati, e c'era una forte volontà di migliaia di Divisionari di non lasciare i loro compagni nei guai contro i sovietici, il ritiro fu effettuato in due fasi.

In primo luogo, la Divisione Blu fu ritirata e la sua ultima azione in guerra ebbe luogo il 5 ottobre, lo stesso giorno in cui le fu ordinato di lasciare il fronte per poi essere rimpatriata in Spagna. La DA fu ufficialmente sciolta il 17 novembre e i suoi ultimi spedizionieri lasciarono il fronte orientale il 24 dicembre 1943. Al momento della partenza della DA, circa 2.200 uomini erano ancora integrati nella struttura dell'esercito tedesco, chiamata Legione Volontaria Spagnola (LEV) o più popolarmente conosciuta come Legione Blu, sotto il comando del colonnello Navarro. Il 17 novembre, il generale Esteban-Infantes firmò l'ordine che dava vita alla LEV. Questa Legione fu incorporata nella 121ª Divisione di fanteria tedesca.

Ma la pressione alleata non poteva permettere questo studiato "doppio standard" da parte del governo spagnolo, così i contatti con le autorità spagnole si moltiplicarono, facendo ancora più pressione, al punto che la Legione dovette essere ritirata dal fronte, rimpatriando i suoi uomini in Spagna.

Il 17 marzo iniziò il rientro: l'Unità Trasmissioni iniziò la marcia, seguita da altre piccole unità. Il primo treno di soldati arrivò al confine spagnolo il 28 marzo e l'ultimo l'11 aprile 1944. Così, il 12 aprile 1944, i membri della Legione Blu erano già in territorio spagnolo. L'unica cosa che rimaneva da restituire erano i piccoli gruppi incaricati di completare tutta la documentazione, liquidare il materiale in eccedenza e rimpatriare gli spagnoli internati negli ospedali di Königsberg e Riga; anche se, come vedremo, non fu esattamente quello che accadde.

▲ Il medico esamina i volontari della Divisione Blu. PD licenza

▼ Il numero di volontari per la Divisione Blu era molto più alto del necessario (BVD).

▲ Fotografia del colonnello Rodrigo che passa in rassegna i volontari della Divisione Blu (BVD).

▼ Una formazione di soldati spagnoli durante un'esercitazione. Molti di loro avevano combattuto nella guerra civile spagnola ed erano veri e propri veterani (BVD).

▲ Uno dei soldati spagnoli in viaggio verso la Germania (BVD).

RELAZIONI POLITICHE TRA SPAGNA E GERMANIA DURANTE LA SECONDA GUERRA MONDIALE

Per approfondire questo tema, si consiglia di leggere gli interessanti articoli di Gómez e Sacristán, su cui si basa questo capitolo.

Dopo la fine della guerra civile spagnola, Francisco Franco divenne il capo dello Stato spagnolo. I notevoli aiuti ricevuti durante il conflitto dalla Germania e dall'Italia fecero sì che il regime spagnolo fosse molto "vicino" a quello dei due Paesi, che potevano essere considerati i primi esempi del nuovo sistema autoritario in Europa e che ogni giorno che passava acquisivano sempre più potere sulla mappa europea. Non invano la Spagna aveva un debito importante con la Germania di Hitler e l'Italia di Mussolini, e non solo morale, poiché le veniva chiesto di pagare gli aiuti militari, economici, politici e diplomatici che aveva ricevuto e che l'avevano aiutata a vincere.

I debiti totali della Spagna nei confronti del governo italiano ammontavano a più di 7.000 milioni di lire, anche se furono ridotti a circa 5.000 milioni per ordine di Benito Mussolini, in cambio di significativi benefici economici da parte dell'Italia in Spagna. Infine, dopo i relativi incontri diplomatici, si concordò di stabilire un calendario di pagamenti a partire dal 1942 (e fino al 30 giugno 1967). Per quanto riguarda il debito con la Germania, la Spagna si trovava chiaramente in una posizione di inferiorità e dovette permettere alle imprese tedesche di entrare nell'economia spagnola. Anche per quanto riguarda il debito monetario contratto, si tennero incontri diplomatici che prolungarono la soluzione del pagamento di questo debito, tanto che alla fine della Seconda Guerra Mondiale la Spagna, dopo aver effettuato pochissimi pagamenti, annullò unilateralmente questo obbligo nel 1945.

Il nuovo Stato spagnolo uscito dalla guerra civile aveva bisogno di "formalizzare" il suo status sulla scena mondiale e allo stesso tempo di mostrare le sue inclinazioni politiche. Iniziò firmando un trattato di amicizia con il Portogallo, conoscendo l'orientamento filo-britannico del Paese. Già nel marzo 1939, il governo spagnolo firmò un trattato di amicizia con la Germania che prevedeva la consultazione reciproca in caso di attacco a uno dei due Paesi. Questo patto poneva la Spagna in una posizione di inferiorità rispetto alla Germania, con la quale era associata. La Spagna aderì anche al Patto anticomintern, che si concentrava sul comunismo, ma con pochi obblighi concreti da rispettare. L'8 maggio, il governo spagnolo si ritirò ufficialmente dalla Società delle Nazioni a Ginevra.

Lo scoppio della Seconda Guerra Mondiale, con l'azione della Germania sulla Polonia, segnò l'inizio di una nuova era nelle relazioni internazionali della Spagna. Quando la Gran Bretagna e la Francia dichiararono guerra alla Germania il 3 settembre 1939, Franco, a nome del governo spagnolo, fece un appello pubblico a riconsiderare la situazione e a riprendere i negoziati. Inoltre, il ministro degli Esteri spagnolo, colonnello Juan Beigbeder, informò il governo tedesco dell'impossibilità di negoziare un accordo culturale ispano-tedesco. La situazione era complessa, poiché esisteva sì una grande affinità politica e ideologica con le potenze dell'Asse, ma le potenze alleate occidentali erano più vicine alla Spagna e ai suoi territori nordafricani, con il conseguente pericolo di un severo "blocco" guidato dalla Gran Bretagna. Questi fatti, insieme allo stato di rovina in cui versava la Spagna dopo la recentissima guerra fratricida e all'evidente esaurimento della popolazione, indussero il governo spagnolo a optare per una terza possibilità, ovvero la neutralità nel conflitto mondiale, la stessa posizione che aveva assunto durante la Prima guerra mondiale. Il 4 settembre 1939 fu pubblicato sulla Gazzetta Ufficiale dello Stato un decreto che proclamava ufficialmente la neutralità, che recitava come segue:

"Essendo ufficialmente a conoscenza dello stato di guerra che, purtroppo, esiste tra l'Inghilterra, la Francia e la Polonia, da un lato, e la Germania dall'altro, ordino la più stretta neutralità per i sudditi spagnoli, in conformità alle leggi vigenti e ai principi del diritto pubblico internazionale.
– Burgos, il 4 settembre 1939. Anno della Vittoria. Francisco Franco. Il Ministro degli Affari Esteri, Juan Beigbeder y Atienza."

Così, l'atmosfera di intranquillità spagnola stava per finire. L'editoriale di ABC (quotidiano spagnolo) di quel giorno diceva, tra l'altro: "Questo atteggiamento rappresenta, da un lato, l'avvio di una politica internazionale sulla base della più stretta indipendenza, e dall'altro, la logica conseguenza degli impulsi di ricostruzione che attualmente muovono la Spagna".

Per quanto riguarda le nostre possibilità "reali" in caso di intervento militare, l'esercito spagnolo, per quanto "stanco" e con armi che stavano rapidamente diventando obsolete, era numericamente importante e aveva una grande esperienza di combattimento. In relazione a quest'ultimo punto, va notato che l'armamento che l'Italia e la Germania avevano fornito all'esercito di Franco era molto avanzato e di altissimo livello nel periodo del conflitto spagnolo; stava rapidamente diventando obsoleto. Va ricordato che i veicoli corazzati più moderni in dotazione all'esercito spagnolo dopo la fine della guerra civile erano il T 26 sovietico e il PzKw I tedesco, che erano già superati nel 1940.

Questa dichiarazione di neutralità della Spagna permise ai tedeschi di agire con la tranquillità di sapere che la Spagna non sarebbe stata una zona di operazioni per gli Alleati occidentali. Allo stesso modo, il potente esercito tedesco, sicuro della sua superiorità, non avrebbe avuto bisogno dell'esausto esercito spagnolo per nessuna delle sue operazioni offensive in Europa e si sarebbe accontentato di averlo come "amico".

Tra maggio e giugno 1940, la Francia fu travolta dall'inarrestabile avanzata dell'invincibile esercito tedesco. Il governo spagnolo osservò con grande ammirazione gli eventi nel Paese vicino e la germanofilia aumentò in Spagna. Questa ammirazione cambiò in qualche modo l'orientamento del governo spagnolo, che fino ad allora aveva guardato più all'Italia che alla Germania come punto di riferimento. Il 3 giugno 1940, Francisco Franco aveva già inviato una lettera ad Adolf Hitler in cui affermava di essere pronto a fornirgli in qualsiasi momento i servizi che riteneva più necessari.

A metà giugno 1940, le massime autorità politiche e militari spagnole cercarono di passare dalla parte dei vincitori. Nel mezzo di questa spirale di entusiasmo tedesco e spagnolo, si fece strada l'idea di far parte del nuovo ordine vittorioso e di far rivivere i vecchi allori dell'impero spagnolo nell'Africa nord-occidentale. Giorni prima della capitolazione francese alla Germania, la Spagna cambiò il suo status da neutralità a non belligeranza: questa nuova posizione nell'ordine internazionale spagnolo permise al governo di Franco di mostrare il suo sostegno e la sua identificazione con le potenze dell'Asse.

Cominciarono a svilupparsi relazioni tra Madrid e Berlino per scopi puramente guerrafondai. Così, uomini "forti" in Spagna come Ramón Serrano Súñer, Dionisio Ridruejo e Antonio Tovar (entrambi legati al sistema di Propaganda del regime franchista) negoziarono l'uso della Spagna come base per la cosiddetta "Operazione Fenice", che aveva lo scopo di occupare l'enclave di Gibilterra e impedire l'egemonia aerea e navale britannica nelle acque del Mediterraneo (in questo caso nel Mediterraneo occidentale). Allo stesso modo, si sarebbe aperto un nuovo fronte per le operazioni militari in Nord Africa.

Le intenzioni della Spagna in caso di guerra con l'Asse erano molto chiare: Gibilterra sarebbe tornata sotto la sovranità spagnola, ma anche i territori che sarebbero stati conquistati in questo ipotetico intervento in Nord Africa, Algeria e Marocco francese, sarebbero passati sotto il controllo spagnolo. L'espansione spagnola si sarebbe concretizzata anche con un aumento del territorio nel Rio de Oro e nel Golfo di Guinea.

Le questioni tra Spagna e Germania richiedevano un maggiore impulso, per cui si decise di organizzare un incontro tra i due leader dei rispettivi Paesi. Così, in seguito alla visita di Himmler, capo della Gestapo, a Madrid, e alla visita del 13 settembre 1940 di Serrano Suñer, in qualità di Ministro degli Interni e dell'Interno, per incontrare Hitler a Berlino, e successivamente il 16 con Von Ribbentrop (che venne ad incontrarlo alla stazione di Anhalter), si decise di concretizzare un incontro al vertice tra i due leader. A seguito di questo interesse da entrambe le parti, il 23 ottobre 1940 si tenne l'incontro di Hendaye tra Francisco Franco e Adolf Hitler, accompagnati dai rispettivi ministri degli Esteri, Serrano Súñer da parte spagnola e Von Ribbentrop da parte tedesca, che stilarono il protocollo che prevedeva la partecipazione della Spagna alla guerra in cambio della suddetta compensazione territoriale (noto come Protocollo di Hendaye). I dubbi di Hitler sul possibile sostegno che il contributo della Spagna alla guerra avrebbe comportato, le richieste da parte spagnola che si scontravano in molti casi con le pretese della Francia di Vichy (alleata della Germania) e la situazione creatasi nei Balcani a causa della sconfitta dell'esercito italiano in Grecia nell'ottobre 1940, fecero sì che alla fine la Spagna non facesse il passo di diventare alleata della Germania. Tuttavia, durante l'incontro fu firmato il già citato Protocollo di Hendaye, in cui la Spagna si impegnava a entrare in guerra con la Germania quando quest'ultima avesse soddisfatto le sue richieste territoriali in Nord Africa. Un altro degli accordi raggiunti durante la riunione di Hendaye fu la creazione di un corpo di "volontari" spagnoli che si sarebbero uniti all'esercito tedesco in caso di operazione militare contro l'Unione Sovietica.

Infine, l'unico territorio conquistato dalla Spagna durante il conflitto mondiale fu la città di Tangeri nel 1940, con la motivazione che dopo la caduta della Francia la città era diventata ingovernabile. Nel 1945, la Spagna lasciò la città, dichiarandola nuovamente città aperta. Hitler ne fu molto sollevato.

Il 19 novembre 1940, in un colloquio con Serrano Súñer a Berlino, Hitler chiese una data per l'entrata in guerra della Spagna e per l'inizio dell'assedio di Gibilterra. Lo spagnolo rimandò la risposta, riconoscendo i grandi problemi logistici della Spagna a questo proposito. Dato il ritardo della Spagna nell'intervenire, la Germania chiese il permesso di far passare le truppe attraverso il territorio spagnolo per attaccare Gibilterra. L'11 dicembre 1940 la Spagna respinse la richiesta, sostenendo che era impossibile per la Spagna mantenere la sovranità sulla Guinea spagnola e sulle Isole Canarie. Inoltre, fu addotta la scusa della mancanza di preparazione dell'esercito spagnolo e della necessità di ricevere in anticipo grandi quantità di materiale da trasporto e una notevole quantità di grano.

I successivi incontri di Franco con i leader dell'Italia e della Francia di Vichy, con Mussolini a Bordighera e con Petain a Montpellier nel febbraio 1941, non cambiarono in alcun modo la posizione della Spagna nel conflitto.

Il 21 giugno 1941 le truppe tedesche attaccarono a sorpresa l'Unione Sovietica, provocando un sentimento di euforia in gran parte dell'Europa. In Spagna, la maggior parte dei leader del regime si identificò con questo nuovo nemico del popolo amico della Germania. Non per niente l'Unione Sovietica era stata il principale sostenitore dell'esercito repubblicano durante la guerra civile spagnola. In Spagna si tennero vari discorsi e comizi che invitavano a partecipare alla lotta contro il comunismo, incarnato dal nemico sovietico, considerato in gran parte responsabile della nostra guerra civile. Ufficialmente, il governo spagnolo ascoltò il clamore popolare e permise l'organizzazione di compagnie di volontari (per lo più falangisti) per aiutare la Germania sul fronte orientale.

Infine, fu creata la Divisione Volontaria Spagnola, che sotto il comando di Agustín Muñoz Grandes partì per il fronte russo nell'agosto 1941.

A partire dal 1942, però, la guerra mondiale cominciò a riservare grandi battute d'arresto all'esercito tedesco; l'offensiva estiva nel Caucaso si arrestò alla fine di settembre e iniziò la terribile carneficina della battaglia di Stalingrado e lo sbarco alleato a Casablanca nel novembre 1942. Il 17 febbraio 1942 si svolse l'incontro di Siviglia tra Franco e Oliveira Salazar, durante il quale fu firmato il Patto iberico, che segnò un riavvicinamento con il Portogallo, che nonostante il regime fascista aveva storicamente mantenuto stretti rapporti con il Regno Unito. L'8 novembre 1942, l'ambasciatore statunitense consegnò a Franco una lettera di Roosevelt che lo informava dell'occupazione dei possedimenti francesi in Nord Africa e garantiva la neutralità e l'integrità del territorio spagnolo. Franco ricevette quindi una significativa pressione da parte degli Alleati che costrinse la politica estera spagnola a mantenere un equilibrio piuttosto ambiguo per "accontentare" il più possibile entrambe le parti. Il 3 settembre 1942, Serrano Súñer fu sostituito al Ministero degli Affari Esteri da Francisco Gómez Jordana, considerato più vicino agli Alleati occidentali rispetto al suo predecessore.

I rifornimenti forniti sul territorio spagnolo si limitarono ad aerei e navi italiane e tedesche; d'altra parte, furono firmati accordi per l'invio di rifornimenti e materie prime al Terzo Reich.

Il 1943 continuò con il declino della potenza tedesca in Europa e in Nord Africa, una situazione che non aiutò la posizione di equilibrio del governo spagnolo.

Così dovette accettare l'unica via d'uscita rimasta, sotto la pressione anglo-americana, che era quella di ritornare alla sua posizione iniziale di neutralità, che divenne effettiva il 3 (alcune fonti dicono il 1°) ottobre 1943. Allo stesso modo, i membri della Divisione Volontaria Spagnola avrebbero iniziato a essere rimpatriati nel dicembre dello stesso anno. Ma gli Alleati continuarono a fare pressione sulla Spagna affinché smettesse di fornire alla Germania vari materiali, tra cui il tungsteno.

La Spagna, o meglio la politica di Franco, continua a essere combattuta tra le pressioni alleate e il filogermanesimo. Prodotti alimentari e materie prime, soprattutto tungsteno (essenziale per l'ingegneria di precisione avanzata e la produzione di armi), ferro, zinco, piombo e mercurio, continuarono a essere spediti in Germania. Il 25 ottobre 1943, il governo statunitense richiese un embargo totale sulle esportazioni di wolframio all'Asse dalla Spagna, sotto la minaccia di tagliare le forniture di petrolio, sospendendo temporaneamente le spedizioni di petrolio alla Spagna nel gennaio 1944. Questa situazione avrebbe portato al collasso dello Stato spagnolo, tanto che il 2 maggio 1944 terminarono le esportazioni di tungsteno verso la Germania (anche se alcune piccole quantità potrebbero essere continuate ad arrivare fino all'agosto dello stesso anno), gli agenti tedeschi furono espulsi da Tangeri, la missione giapponese in Spagna fu chiusa e fu preso l'impegno di collaborare con gli Stati Uniti e la Gran Bretagna su questioni militari. Pochi mesi dopo, gli aerei dell'US Air Transport Command furono autorizzati a rifornirsi in territorio spagnolo.

Il 12 aprile 1945, a guerra quasi conclusa, la Spagna ruppe le relazioni diplomatiche con il Giappone. Alla fine del conflitto mondiale, la Spagna si trovò in una situazione difficile, poiché i vincitori continuavano a considerarla un governo con chiare tendenze fasciste.

▲ Mappa del viaggio in treno effettuato dalle prime spedizioni della Divisione Blu tra la Spagna e il campo militare di Grafenwöhr in Germania nell'estate del 1941. Da FoxR.

▲ Volontari della Divisione Blu che mostrano ai loro commilitoni tedeschi il gagliardetto del battaglione con il prezioso stemma imperiale, opera di sorelle e spose (BVD).

▼ Il saluto dei soldati della Divisione Blu dopo un pasto nel cortile dell'Ospedale Militare di Mola prima della partenza (14/20). Fondo Marín-Kutxa Fototeka.

▲ Alcuni soldati spagnoli fraternizzano con un soldato tedesco in un bar durante il viaggio da Madrid a Grafenwöhr (JAC).

▼ Quattro soldati della Divisione Blu in uniforme tedesca e berretto rosso parlano con disinvoltura con un'infermiera della Croce Rossa a Grafenwöhr. Luglio 1941. DOMINIO PUBBLICO.

▲ Fotografia dei volontari della Divisione Blu in marcia verso il fronte polacco.

▼ Addestramento dei soldati spagnoli nel Reich, senza aver ancora cambiato le loro uniformi.

▲ Truppe della Divisione Volontaria Spagnola, predecessore della Legione Blu, difendono una posizione. A causa della crescente potenza sovietica, le truppe spagnole dovettero rimanere sulla difensiva in molte occasioni. Pubblico dominio.

▼ Alcuni soldati della Divisione Volontaria Spagnola durante un'esercitazione. La durezza dei combattimenti dimostrerebbe l'alto grado di capacità, addestramento e coraggio dei soldati spagnoli durante la loro permanenza in Unione Sovietica. PD.

LA DIVISIONE BLU (1941-1943)

Come già accennato, la cosiddetta Divisione Blu nacque in risposta al clamore popolare di alcuni cittadini che, dopo l'attacco dell'esercito tedesco all'URSS nel giugno 1941, dimostrarono il desiderio di combattere i sovietici nel proprio Paese con una grande manifestazione a Madrid, orchestrata principalmente dalla Falange. Per ripagarli della visita che avevano fatto loro sostenendo la parte repubblicana durante la guerra civile spagnola, e allo stesso tempo per restituire il favore e saldare in parte il debito contratto con la Germania per il suo sostegno alla parte nazionalista in quella guerra. Fu durante questa manifestazione che Serrano Suñer, Ministro degli Affari Esteri e Presidente del Consiglio Politico della Falange, pronunciò il suo noto discorso da uno dei balconi della sede della Segreteria Generale del Movimento:
"Compagni, non è tempo di discorsi, ma è tempo che la Falange pronunci in questo momento la sua sentenza di condanna: la Russia è colpevole, colpevole della nostra guerra civile. Colpevole della morte di José Antonio, il nostro fondatore. E per la morte di tanti compagni e di tanti soldati che sono caduti in quella guerra a causa dell'aggressione del comunismo russo. Lo sterminio della Russia è un'esigenza della storia e del futuro dell'Europa...".
Grazie al grande entusiasmo popolare che si generò, con poco sforzo fu possibile reclutare i suoi membri tra i militari e le migliaia di volontari che erano pronti a dare il loro nome presso gli uffici di reclutamento allestiti a questo scopo. Tra questi volontari c'erano anche alcuni soldati che non avevano combattuto nella guerra civile spagnola e volevano dimostrare a se stessi e ai loro compagni di essere in grado di andare al fronte. Si dice che alcuni giovani ufficiali appena usciti dall'Accademia, di fronte alla prospettiva di una guerra nel mondo, non volessero lasciarsi sfuggire l'opportunità che si presentava loro. L'idea di arruolarsi nella Divisione Volontaria Spagnola prese piede anche tra i giovani universitari assetati di avventura o con l'ideale romantico di difendere convinzioni come Dio e la patria.
La situazione spagnola all'inizio del conflitto mondiale era di neutralità, nonostante gran parte della popolazione fosse germanofila; il decreto stabiliva che "dato lo stato di guerra ufficiale che, purtroppo, esiste tra Inghilterra, Francia e Polonia da un lato e Germania dall'altro, si ordina la più stretta neutralità per i sudditi spagnoli". Il 12 giugno 1940, la Spagna adottò una situazione di "non belligeranza", simile a quella dell'Italia prima di entrare nel conflitto armato. Nonostante questo primo passo della Spagna verso la Germania, i negoziati per l'entrata in guerra della Spagna con Von Ribbentrop non culminarono con l'adesione della Spagna all'Asse a causa della mancanza di comprensione (volontaria o meno) da entrambe le parti. Per questo motivo, la situazione in cui si trovava la Spagna nei confronti della Germania era piuttosto complessa. L'invasione dell'Unione Sovietica alleggerì la pressione di Adolf Hitler su Francisco Franco, inviando una forza di spedizione in Russia. Questo passo fu visto dai tedeschi come un primo passo verso la graduale entrata in guerra della Spagna.

Formazione

L'annuncio del reclutamento per la Divisione che avrebbe dovuto combattere il comunismo in Russia ebbe una risposta rapida ed entusiasta, con code che si formarono presso le stazioni di reclutamento allestite in tutte le province spagnole e nell'allora Marocco spagnolo.
Le linee guida per l'incorporazione prevedevano che le reclute si arruolassero per tutta la durata della campagna. L'unità creata fu ufficialmente chiamata Divisione Volontaria Spagnola e questo è riportato in tutta la documentazione ufficiale spagnola, ma, nonostante ciò, l'unità fu e viene ancora chiamata popolarmente Divisione Blu. Il suo comando sarebbe stato nelle mani dell'Esercito e tutti gli ufficiali di grado superiore a quello di Sottotenente sarebbero provenuti dall'Esercito, anche se i falangisti che erano stati Sottotenenti provvisori durante la Guerra Civile avrebbero potuto mantenere il loro grado. Per quanto riguarda i sergenti, due terzi sarebbero provenuti dall'Esercito e il restante terzo dalle milizie FET e J.O.N.S. Tuttavia, va notato che un gran numero di ufficiali e sottufficiali erano anche falangisti.
La nomina a capo della Divisione toccò al Maggiore Generale Agustín Muñoz Grandes, un veterano esperto ed efficace delle campagne in Marocco e della Guerra Civile, anch'egli falangista.

Il 5 luglio una commissione spagnola volò in Germania per coordinare l'invio della Divisione Blu. All'arrivo furono sorpresi di scoprire che le Divisioni della Wehrmacht avevano tre reggimenti di fanteria, mentre la Divisione spagnola ne aveva quattro. Di conseguenza, la Divisione spagnola era composta da 640 comandanti e ufficiali, 2.272 sottufficiali e 15.780 soldati, mentre la Divisione tedesca era composta rispettivamente da 526, 2.813 e 14.397 soldati. Quindi gli spagnoli avevano troppi capi e ufficiali, troppo pochi sottufficiali e il numero di soldati superava i 1.200, cosa che riempì di stupore gli spagnoli, che non ne erano stati informati in precedenza.

Data l'impossibilità di rimpatriare il personale in eccedenza per motivi politici, si decise di formare con esso una riserva per coprire eventuali perdite.

Infine, i tedeschi confermarono che il Reich avrebbe pagato tutte le spese della Divisione dal giorno in cui avesse attraversato il confine con la Francia. I soldati avrebbero ricevuto la loro paga dal momento in cui avrebbero attraversato il confine francese. Ci sarebbe stato anche un bonus di combattimento, un assegno familiare, un'esenzione dal ricovero ospedaliero e postale fino al confine con la Spagna. La Wehrmacht avrebbe fornito tutti gli armamenti, le munizioni e i rifornimenti. La giustizia militare sarebbe stata applicata secondo il codice militare spagnolo, anche se il codice tedesco avrebbe prevalso quando i soldati spagnoli fossero stati temporaneamente sotto il comando tedesco. L'uniforme della Divisione Blu sarebbe stata tedesca, ma avrebbe portato uno stemma sulla manica destra della giacca con i colori spagnoli rosso-giallo-rosso e la legenda ESPAÑA (SPAGNA).

Finalmente, la notte del 12 luglio, tutto era pronto per i 19 convogli ferroviari che il giorno seguente avrebbero lasciato le otto Regioni Militari alla volta della Germania, trasportando i 17.294 spagnoli che stavano per imbarcarsi in una grande avventura. Così, nel pomeriggio del 13 luglio, un'immensa folla di madrileni affollava l'enorme Estación del Norte, così come la piazza d'accesso e le strade adiacenti, mentre le grida di "Viva Franco" e "Arriba España" rimbombavano, mentre una banda di ottoni cercava di farsi sentire sopra il rumore della folla. Poi, con un forte fischio, la locomotiva si è messa in moto mentre migliaia di voci iniziavano a cantare il "Cara al Sol".

Il viaggio attraverso la Francia occupata fu, per i vari convogli, freddo e poco movimentato, con alcuni esuli francesi e spagnoli che alzavano i pugni al passaggio delle stazioni. Ma quando attraversarono il Reno ed entrarono in Germania, le cose cambiarono completamente e quando arrivarono a Karlsruhe furono accolti da una folla entusiasta di oltre 10.000 persone.

Quando i contingenti spagnoli cominciarono ad arrivare a Grafenwöhr, ricevettero la notizia che era rimasto un Reggimento e che la Divisione non sarebbe stata motorizzata come si pensava, poiché, come tutte le divisioni di fanteria tedesche, sarebbe stata equipaggiata con carri e cavalli. L'artiglieria, che aveva solo guidatori, avrebbe dovuto accontentarsi di cavalli, mentre il gruppo di ricognizione, che era pronto a usare cavalli, sarebbe stato fornito di biciclette.

Il generale Muñoz Grandes informò i suoi colonnelli che avrebbe sciolto il reggimento Rodrigo, ma che questo colonnello sarebbe stato il capo della fanteria e il secondo capo della divisione, per cui gli altri colonnelli, Pimentel, Vierna ed Esparza, furono felici di continuare a comandare i loro reggimenti. Quanto ai Battaglioni di Rodrigo, sarebbero stati distribuiti tra gli altri Reggimenti, quindi non ci sarebbe stato il rimpatrio temuto. Oltre ai battaglioni, ogni reggimento aveva una compagnia di ciclisti, una compagnia di supporto di artiglieria, una compagnia anticarro e uno stato maggiore con una sezione d'assalto.

La Wehrmacht assegnò alla Divisione il numero 250 con la denominazione di Infanterie Division 250 e i suoi Reggimenti furono numerati 262 per il Pimentel, 263 per il Vierna e 269 per l'Esparza. Dal 29 settembre dello stesso anno avrebbero combattuto come parte della 16ª Armata tedesca nel Gruppo d'armate Nord.

La Divisione Blu era un po' diversa dalle divisioni tedesche, in quanto la nomina di un comandante in seconda, e il fatto che fosse anche il capo della fanteria, era sconvolgente. D'altra parte, poiché non c'erano truppe di rimpiazzo al fronte, fu organizzato un battaglione di riserva con tre compagnie di fucilieri, un battaglione che divenne presto noto ai guerriglieri con il singolare nome di "Zia Bernarda".

Inoltre, un campo spagnolo fu allestito a Hof (Baviera) e servizi di retroguardia, che comprendevano un distaccamento sanitario con medici e infermieri spagnoli, nonché servizi di gendarmeria a spese della Guardia Civil, furono distribuiti lungo il percorso dalla Spagna al fronte russo.

L'ordine di battaglia della Divisione Blu all'arrivo al fronte (basato su un lavoro di C. Caballero):
250ª Divisione di fanteria, nota nella Wehrmacht come Infanterie Division 250 (spanische).

IN SPAGNOLO	IN TEDESCO
Plana mayor.	Stab
Regimiento de Infantería 262.	Infanterie Regiment 262 (span.)
Regimiento de Infantería 263.	Infanterie Regiment 263 (span.)
Regimiento de Infantería 269.	Infanterie Regiment 269 (span.)
Regimiento de Artillería 250.	Artillerie Regiment 250 (span.)
Batallón de Reserva Móvil.	
Grupo de Exploración 250.	Aufklärungs Abteilung (span.)
Grupo Antitanque 250.	Panzerjäger Abteilung 250 (span.)
Batallón de Zapadores 250.	Pionier Bataillon 250 (span.)
Grupo de Transmisiones 250.	Nachriten Abteilung 250 (span)
Grupo de Intendencia 250.	
Grupo de transporte 250.	Kommandeur Division Nachshub Führer 250 (span.)
Grupo de Sanidad 250.	Sänitats Abteilung 250 (span)
Compañía Veterinaria 250.	Veterinärkompanie 250 (span)
Sección de Gendarmería 250.	Feldgendarmerietrupp 250 (span.)
Estafeta Postal Militar 250.	Feldpostamt 250 (span)

La vita a Grafenwöhr trascorreva tra l'addestramento in ordine chiuso, che non era difficile vista l'anzianità della maggior parte dei volontari, e il tempo libero nelle mense, dove si beveva birra, si cantavano canzoni spagnole e si flirtava con le ragazze dei villaggi circostanti.

I pasti erano problematici, la grande differenza tra la cucina spagnola e quella tedesca faceva sì che non tollerassero le salsicce unte, l'enorme quantità di cavoli e patate e soprattutto lo strano pane nero. La colazione era eccessiva per loro e il caffè non aveva nulla a che vedere con quello a cui erano abituati. E come se non bastasse, il ranch freddo del pomeriggio, con carne in scatola, era per loro l'affronto definitivo. Poi c'era il tabacco tedesco, giallastro e floscio, e la sua scarsità, perché sei sigarette due volte al giorno erano del tutto insufficienti per gli inveterati fumatori ispanici. I *guripas* sentivano la mancanza degli appetitosi stufati spagnoli, dalla paella al *cocido madrileño*, dal *pote* galiziano al *marmitako* basco o alla *fabada asturiana*. A causa di tutto ciò, il 26 luglio Muñoz Grandes inviò un telegramma al Ministro dell'Esercito di Madrid per chiedere aiuto, chiedendo l'invio di un convoglio ferroviario con forniture sufficienti per allestire un deposito presso il Quartiermastro in Germania, in modo che i suoi uomini potessero gustare cibo spagnolo almeno due o tre volte alla settimana.

Avendo terminato i preparativi molto prima di quanto previsto dai tedeschi, la 250ª Divisione si formò la mattina del 31 luglio per prestare il giuramento di fedeltà al Führer. Il generale Muñoz Grandes sguainò la sciabola e, ponendo la mano sulla lama, il maggiore Troncoso pronunciò: "Giurate per Dio e per il vostro onore di spagnoli obbedienza assoluta al comandante supremo dell'esercito tedesco, Adolf Hitler, nella lotta contro il comunismo e di combattere come soldati coraggiosi, pronti in qualsiasi momento a sacrificare le vostre vite per adempiere a questo giuramento?". E gli spagnoli, a braccia tese, gridarono: "Sì, lo giuriamo". Il generale von Cochenhausen diede quindi il benvenuto alla 250ª Divisione nella Wehrmacht, seguito dalle arringhe di Muñoz Grandes e del generale Fromm.

Il mattino seguente le unità tornarono all'addestramento al combattimento, stupendo i tedeschi per l'abilità e la velocità con cui smontavano i loro fucili Mauser, cosa naturale visto che la stragrande maggioranza di loro erano veterani della guerra civile e quelli che non lo erano erano stati addestrati, nel tempo libero, dai veterani. L'atteggiamento disinvolto dei *guripa*, per non dire al 100%, nei confronti delle regole dell'uniformità provocava rimproveri da parte degli istruttori, il che causava tensioni, poiché era frequente che il primo bottone della giacca non fosse allacciato e che la camicia blu si mostrasse sotto di esso, così come il berretto era inclinato da un lato, per non parlare del disagio causato dal vederli flirtare con le ragazze tedesche nei villaggi circostanti. L'artiglieria divisionale ricevette un totale di 36 pezzi dell'obice 105/28 FH 18 e 12 obici pesanti da 150/30. I tedeschi non sapevano che gli spagnoli conoscevano bene questi pezzi, avendoli usati nella recente guerra civile. Era curioso vedere gli istruttori sparare con la solita rigidità germanica e poi vedere gli spagnoli, che sembravano sciamare intorno all'obice senza sapere cosa stessero facendo, ma che riuscivano a sparare un colpo in più al minuto con grande stupore degli istruttori, che dicevano che era impossibile.

Da parte loro, le compagnie anticarro ricevettero gli ormai familiari Pak 37. Si aspettavano di ricevere veicoli fuoristrada per il loro trasporto, ma con grande sorpresa ricevettero auto da turismo requisite in Francia dalla Wehrmacht e fu curioso vedere Peugeot, Packard e Hudson trainare i Pak 37.

Dopo un mese di permanenza a Grafenwöhr, il 21 agosto la Divisione Blu iniziò a salire sui treni per partire per il fronte. Ma con grande sorpresa dei guerriglieri, i treni si fermarono nel villaggio di Raczki, in Polonia, dove scesero. Una volta arrivata l'intera divisione, iniziò la marcia a piedi per raggiungere il Gruppo d'Armate Centrale comandato dal Maresciallo von Bock, che si trovava a più di 100 km di distanza.

Ci sono state speculazioni su questa decisione tedesca, anche se sembra più probabile che sia stata presa perché ritenevano la divisione spagnola non istruita, dato che in quei giorni la fiducia nella Divisione Blu da parte dell'alto comando della Wehrmacht era totalmente assente.

Nel frattempo, il distaccamento di collegamento tedesco fu installato a Grodno sotto il comando del maggiore von Oertzen. La funzione di questo distaccamento era quella di fungere da centro di coordinamento e comunicazione tra il comando spagnolo e il comando superiore tedesco, fornendo servizi di traduzione e di collegamento in combattimento, oltre a riferire al Führer sul morale, la capacità di combattimento, la disciplina e la condotta generale della 250ª Divisione.

Von Oertzen, che si lamentava costantemente della cattiva condotta dello Stato Maggiore della Divisione Blu, stabilitosi a Treuburg, del comportamento dei *guripas* in città e ribadì il divieto di scambiare provviste, soprattutto tabacco, con cibo. Insisteva sul fatto che i soldati dovessero indossare le tuniche allacciate, i cappelli, le cinture allacciate e soprattutto che salutassero gli ufficiali tedeschi. E soprattutto insistette sul divieto assoluto di fraternizzare con le donne ebree, facilmente identificabili grazie alla Stella di Davide gialla sui loro abiti.

Il Komandantur era così preoccupato per la fraternizzazione che autorizzò gli spagnoli a visitare i bordelli esclusivi della Wehrmacht, per i quali furono forniti i preservativi appropriati. Inoltre, tra i *guripas* si diffuse la voce che erano state loro somministrate pillole antierotiche e fu rafforzato il divieto di fraternizzare con le donne polacche. Totalmente indignati da tutto ciò, i *guripas* si vendicarono e così la 10ª Compagnia della 262ª, comandata dal capitano Portolés, mostrò il proprio disappunto sfilando davanti agli ufficiali tedeschi indossando preservativi gonfiati attaccati alle canne dei fucili.

Questi incidenti, insieme a rapporti allarmanti sulla persistente intimità degli spagnoli con "persone di razza ebraica", costrinsero l'invio di un ufficiale di collegamento per osservare e riferire quotidianamente. I delicati problemi dell'integrazione di un'unità di volontari stranieri nella Wehrmacht e, soprattutto, le ramificazioni politiche del ruolo della Divisione Blu nella Campagna Orientale, sfuggirono all'impasse tedesca.

Prima di passare allo schieramento dell'unità spagnola, ricordiamo la composizione di un Reggimento della Divisione Blu, così come quella di una Compagnia basata sul lavoro di Carlos Caballero:

Ordine di battaglia di un reggimento della Divisione Blu:

Sede centrale
Comando e Stato Maggiore
1° Battaglione:
 - 1ª Compagnia Fucilieri
 - 2ª Compagnia Fucilieri.
 - 3ª Compagnia Fucilieri.
 - 4' Compagnia armi di supporto.
2° Battaglione:
 - 5ª Compagnia Fucilieri
 - 6ª Compagnia Fucilieri.
 - 7ª Compagnia Fucilieri.
 - 8ª Compagnia armi di supporto.
3° Battaglione:
 - 9ª Compagnia Fucilieri
 - 10ª Compagnia Fucilieri.
 - 11ª Compagnia Fucilieri.
 - 12ª Compagnia armi di supporto.

13ª compagnia di fanteria.
14ª Compagnia anticarro.
15ª Compagnia di Stato Maggiore.
Sezione di trasmissione.
Sezione genieri d'assalto.
Sezione ciclistica (ricognizione).

Ordine di battaglia di una compagnia di fucilieri:

Sede centrale
Comando e Stato Maggiore
1ª Sezione:
 - 1° plotone.
 - 2° plotone.
 - 3° plotone.
 - Squadra di mortaristi.
2ª sezione:
 - 1° plotone.
 - 2° plotone.
 - 3° plotone.
 - Squadra di mortaristi.
3ª Sezione:
 - 1° plotone.
 - 2° plotone.
 - 3° plotone.
 - Squadra di mortaristi.

Plotone di fucili anticarro.
Treno da combattimento.
Treno del cibo.
Treno bagagli.

▲ Fotografia dell'accampamento dei soldati della Divisione Blu in marcia verso il fronte polacco.

▼ Immagine appartenente a soldati della Divisione Volontaria Spagnola mentre vengono istruiti sul maneggio delle mitragliatrici pesanti. Nella LEV sia la 1ª che la 2ª Bandiera avevano una compagnia di mitragliatrici e mortai. PD licenza

▲ I soldati spagnoli, sebbene il loro comportamento fosse meno severo di quello dei tedeschi, erano generalmente sempre molto apprezzati dalle varie unità tedesche che incontravano in combattimento. Pubblico dominio.

▲ Soldati con un cannone anticarro Pak 40 calibro 75/36 (BVD).

▼ Artiglieri divisionali all'interno di un'unità di mortai (estate 1943) che caricano un proiettile di mortaio pesante francese Schneider da 220 mm (BVD).

▲ Infermiere che curano i soldati ai piedi di un treno (BVD).

▼ Trasporto di un cannone anticarro PAK 40 da 75 mm (BVD).

▲ Il maggiore Reinlein osserva le posizioni nemiche (BVD).

Distribuzione

Il 24 settembre arrivò l'ordine di trasferire la 250ª alla Quinta Armata del maresciallo Günther von Kluge, per integrarla nell'attacco a Mosca. Ma nonostante la campagna dovesse iniziare a fine settembre, la divisione spagnola ricevette l'ordine di seguire un percorso tortuoso per raggiungere il punto di partenza dell'assalto a Smolensko.

Mentre si muovevano attraverso la pianura polacca, i *guripa* cominciarono a vedere le tracce del combattimento e questa scena di tremendi combattimenti li stupì, apprezzando chiaramente che la battaglia era stata duramente combattuta e duramente pagata, perché i sovietici non si erano arresi, raggiungendo infine Grodno. Una volta superata Grodno, la divisione si divise in tre gruppi per dirigersi verso Vilna.

Il 14 settembre il maggiore von Oertzen fece rapporto al maresciallo von Bock a Borisov e lì fu informato che von Kluge aveva rifiutato di accettare la 250ª Divisione, dicendo se fosse composta da soldati o da zingari. La Divisione Blu sarebbe quindi stata trasferita alla Nona Armata sotto il comando del generale Strauss. D'altra parte, il maresciallo von Bock ordinò a von Oertzen di consegnare al generale Muñoz Grandes copia di tutti i rapporti negativi che aveva scambiato con l'OKH. Solo due giorni dopo, il capitano Günther Collatz si unì al distaccamento di collegamento dalla riserva del Führer. Era arrivato come sostituto di von Oertzen all'insaputa di quest'ultimo.

Quando finalmente arrivarono a Minsk, gli spagnoli furono sorpresi di vedere l'imponente autostrada che collegava Minsk a Mosca, lungo la quale iniziarono a marciare con le loro bandiere spiegate.

Lasciandoci alle spalle Orsha, il ritmo di avanzamento è rallentato: gli splendidi tratti asfaltati hanno lasciato il posto a tratti di pietra e ghiaia non ancora terminati.

Il 26 settembre la divisione si fermò per un necessario riposo e recupero. Si trovava in una zona paludosa e sciami di zanzare infestavano i *guripa* e i loro cavalli. Per questo motivo, accesero grandi falò per riscaldarsi mentre il fumo intenso teneva lontane le zanzare. La sera di quel giorno. "Radio Macuto ha riferito che la divisione avrebbe invertito la rotta per ritornare a Orsha e poi virare a nord verso Vitebsk, cosa che è stata presto confermata, in quanto la divisione era appena stata trasferita dalla 9ª Armata del Gruppo d'Armate Centro alla 16ª Armata del Gruppo d'Armate Nord. L'ordine era stato dato direttamente da Adolf Hitler. La divisione non doveva quindi partecipare all'attacco a Mosca, ma assumere un ruolo difensivo, cosa che deluse molto i guerriglieri.

Fronte di Leningrado: Novgorov

Alla Divisione Blu fu assegnato un settore a nord di Novgorod, che copriva la riva del fiume Volkhov da nord di Podbereze a Chunovo, proprio nel punto in cui si trovava il ponte della ferrovia dell'Ottobre soffiato (da Leningrado a Mosca), un settore occupato dalla 126ª Divisione di fanteria comandata dal generale Paul Laux, che iniziò subito a sgravare le sue posizioni e mentre alcune unità entrarono nella linea di fuoco lungo il Volkhov, altre si imbarcarono su treni approssimativi a Vitebsk, a 450 km di distanza, che li avrebbero portati fino a Dno, dove sarebbero poi stati trasferiti su treni a scartamento largo a Vitebsk, altri si sono imbarcati su pessimi treni rozzi a Vitebsk, a 450 km di distanza, che li avrebbero portati fino a Dno, dove la fanteria si sarebbe poi trasferita su treni a scartamento largo tedeschi, mentre i veicoli e i cavalli utilizzabili si sarebbero spostati lungo la strada di Novgorod.

Ma occhi critici tedeschi osservavano lo sbarramento, poiché il I Corpo aveva inviato una squadra speciale, sotto il comando del capitano Wessel, per osservare e riferire sulla Divisione e sul distaccamento di collegamento tedesco. Il capitano Wessel riferì che "la 250ª Divisione era strutturata come qualsiasi altra unità tedesca simile e, con poche eccezioni, armata in modo simile". Per la prima volta il generale von Both ebbe informazioni concrete sulla Divisione spagnola, dato che né lui né il suo Stato Maggiore ne avevano idea, anche in mancanza di informazioni sul Distaccamento di collegamento tedesco.

Il 10 ottobre gli ordini di alleggerire la 126ª Divisione tra Podvereze e Chudovo furono improvvisamente annullati, per spostarsi a sud verso Novgorod, dove avrebbero sostituito le unità meridionali della 126ª. Lo schieramento della Divisione Blu si estendeva dalla punta settentrionale del lago Ilmen fino a sud di Miasmi Bor a Zmeisko.

Così, nella notte del 12 ottobre, gli spagnoli del 2° e 3° battaglione del 262° reggimento presero il posto di due battaglioni del 30° reggimento del colonnello Werner von Erdmannsdorff sull'isola di Novgorod. A sud del piccolo Volkhov, a Kirillovskoe c'era un monastero che i tedeschi avevano trasformato in un piccolo bastione che i sovietici tentarono più volte di conquistare senza successo, tanto che il tenente colonnello Richter del 42° reggimento, orgoglioso dei suoi uomini, disse che lo difendevano come la Fortezza di Toldo e il nome prevalse e così quando arrivò il Reggimento Pimentel si trovò con un simbolo della propria guerra civile.

Una volta che la divisione fu definitivamente installata al fronte, il Reggimento Pimentel e il 250° Gruppo di Ricognizione coprirono il suo settore meridionale, da Erunovo a Grigorovo; il 263° Reggimento di Vierna coprì il settore centrale, tra Grigorovo e Chechulino e il Reggimento Esparza coprì il settore settentrionale, da Chechulino a Krutik.

Fronte del fiume Volkhov

Il fiume Volkhov, che collega i laghi Ilmen (a sud di Leningrado) e Ladoga (a est di Leningrado), divenne un'importante linea di separazione tra le due parti.

Essendo stata ordinata l'offensiva dal quartier generale del Führer, il 16 ottobre l'artiglieria spagnola scatenò un pesante fuoco di sbarramento a cui i russi risposero senza indugio. Il colonnello Esparza ricevette l'ordine di inviare una pattuglia a fare irruzione attraverso il Volkhov, lasciando il luogo e l'ora a sua discrezione, e designò per l'esecuzione dell'ordine il maggiore Román, comandante del 2° battaglione, che assegnò al tenente Galiana il comando di un plotone d'assalto.

Poco dopo, mentre lui e i suoi uomini si dirigevano verso l'altra sponda, notò che un battaglione sovietico stava attraversando il fiume proprio in quel momento, e i *guripas* entrarono immediatamente in azione. L'alba rivelò i corpi di 40 russi sulla sponda spagnola e il relitto delle loro imbarcazioni, 27 prigionieri furono presi, e tutto ciò senza una sola vittima spagnola.

Nel pomeriggio del 19 novembre, il tenente Escolano attraversò il Volkhov a Udarnik, passò attraverso i campi minati e con il suo plotone piombò sui sovietici, che fuggirono lasciando dietro di sé un abbondante bottino e 42 prigionieri. Ha quindi piazzato le sue due mitragliatrici MG 34 in attesa dell'atteso contrattacco russo, che poche ore dopo è stato sferrato dal 2° Battaglione dell'848° Reggimento Fucilieri, che è stato efficacemente respinto. Fu poi la volta del 3° Battaglione dello stesso reggimento, ma dopo pesanti combattimenti corpo a corpo fu costretto a ritirarsi. Verso le 23.00 i russi attaccarono di nuovo, ma senza l'impeto delle occasioni precedenti. Poco più di un'ora dopo, sostenuti da un pesante attacco di artiglieria, i russi riuscirono a sfondare la linea spagnola, ma Escobedo tenne due plotoni di riserva che attaccarono di sorpresa i russi con tutta la furia di cui è capace la fanteria spagnola. Sorpresi, esitarono e si dispersero nei boschi. La testa di ponte conquistata dal 2° battaglione del 269° fu consolidata.

La mattina del giorno successivo, ignari del successo dei tedeschi, si preoccuparono che le due teste di ponte conquistate dalla 126ª Divisione fossero isolate, dato che la Wehrmacht, dopo quattro giorni di combattimenti, era riuscita a conquistare un quadrato di 20 km su ciascun lato. A parte i dubbi e le esitazioni del comando tedesco, gli spagnoli iniziarono a inviare rinforzi attraverso il fiume. Due compagnie della 269ª attraversarono sotto un pesante ma inefficace fuoco di artiglieria. Seguirono l'11ª compagnia ciclisti e la 9ª del 3° battaglione della 269ª, nonché la 10ª e l'11ª del 3° battaglione della 263ª e la 2ª compagnia anticarro. Quest'ultima era ansiosa di affrontare i T-26 russi, che conoscevano bene dalla guerra di Spagna, con i loro Pak 37.

Zmeisko fu attaccata in direzione di Zmeisko e i *guripas* del comandante Roman la conquistarono. La compagnia di ciclisti che avanzava verso Sheselevo incontrò un'unità di ricognizione a cavallo della 126ª Divisione, collegando così i lati spagnoli e tedeschi.

I giorni seguenti furono molto duri, con frequenti battaglie, in cui gli spagnoli dimostrarono grande coraggio e riuscirono a occupare i villaggi di Sitno e Tigoda.

Il 250° Battaglione di Riserva, meglio conosciuto come "Zia Bernarda", fu una delle migliori unità della divisione spagnola, perché sebbene il suo nome ufficiale indicasse che si trattava di un'unità di deposito, era in realtà un'eccezionale unità d'urto, composta principalmente da veterani delle forze spagnole in Marocco: la Legione e i Regolari. Conoscendo bene l'armamento sovietico, tennero per sé il maggior numero di mitragliatrici, fucili automatici e soprattutto mitragliatrici PPSH, oltre all'enorme quantità di munizioni catturate. Possiamo quindi affermare senza dubbio che era il battaglione meglio armato della Divisione Blu.

Il 24 ottobre la Wehrmacht menziona la Divisione Blu nei suoi rapporti e così l'OKW afferma: "Difendendosi da un contrattacco sovietico, la divisione spagnola nel settore settentrionale del fronte orientale ha ricacciato il nemico, infliggendogli pesanti perdite e facendo diverse centinaia di prigionieri.

Il 2 novembre due battaglioni di fucilieri della 305ª Divisione russa entrano in azione sopra Niklkino. Si precipitano verso le posizioni spagnole gridando "Urrah" e "Ispanskii Kaput", ma le MG 34, che gli spagnoli tenevano fuori dal fuoco per evitare che si congelassero, iniziano il loro rapido bombardamento. I russi avanzano in piedi, aspettando il suono del fischio del loro ufficiale. Nessuno di loro cercò di accucciarsi, anche se i loro compagni cadevano accanto a loro, così che se l'ufficiale era in ritardo o era stato ucciso, essi rimasero in piedi, cadendo uno dopo l'altro. Un atteggiamento così peccaminoso era del tutto incomprensibile per gli spagnoli. Dopo il fallimento dell'attacco sovietico, alle 11 del mattino era tutto finito, ma i *guripas*, nelle loro trincee, gridavano alle truppe in fuga: "Un altro toro, un altro toro".

Il 3° 263° ebbe 15 morti e 50 feriti, compresi 5 ufficiali, ma davanti alle sue trincee c'erano i corpi di 221 dei suoi attaccanti.

La temperatura, che si era mantenuta al di sopra dello zero, cominciò a scendere e a far sentire il suo peso sugli spagnoli, poiché gli indumenti invernali non arrivavano e, soprattutto, i loro piedi si congelavano quando dovevano stare di sentinella, poiché indossavano semplici e sottili stivali di pelle. Si può dire che durante l'inverno 1941-42 solo un terzo degli spagnoli ricevette stivali caldi. Pertanto, come i loro compagni tedeschi, prima di seppellirli, recuperarono dai cadaveri russi i loro eccellenti stivali, giacche di pelle, pantaloni e calde giacche da guerriero.

Il generale Muñoz Grandes ricevette l'ordine di estendere le sue linee a un fronte attivo totale di 60 km senza indebolire Novgorod, quindi decise di valutare personalmente la situazione. Così il 16 novembre attraversò il Volkhov per incontrare il colonnello Esparza, con il quale discusse la situazione della testa di ponte e i probabili movimenti russi. La Divisione Blu doveva difendere lo stretto saliente di 18 km attraverso le paludi ghiacciate e la foresta da Shevelevo a Ostenkii e Posad. Tenendo presente che gli spagnoli avrebbero sostituito un intero reggimento con un solo battaglione, Esparza raccomandò il 1° della 269ª, sostenendo che aveva subito poche perdite e che gli ardenti falangisti madrileni che lo componevano avrebbero combattuto bene come o meglio degli altri. Muñoz Grandes si diresse quindi verso Sitno per ispezionare la testa di ponte.

In questi giorni i *guripas* ricevettero la nuova biancheria intima invernale, ma l'iniziativa spagnola li fece indossare sopra le loro uniformi, poiché questa non solo serviva a riscaldare il corpo, ma anche a mimetizzare l'uniforme, dato il suo colore bianco.

L'11 novembre il generale Franz von Roques, benvoluto da tutti i comandanti spagnoli, si congedò e fu sostituito dal generale von Chappuis, che arrivò pieno di pregiudizi nei confronti degli spagnoli, forse a causa del maggiore von Oertzen, che faceva parte del suo staff.

La sera di quel giorno i russi con la 305ª Divisione fucilieri e parte della 3ª Divisione corazzata iniziarono una forte offensiva per conquistare Otenskii, Posad e Poselok, attaccando anche Russa, Dubrovka e Nikltkino. Tutto il fronte era in fiamme!

Possad, con un perimetro di 5 km, era stata sottoposta per tutto il giorno a un incessante fuoco di artiglieria e mortai, che avevano abbattuto tutto ciò che si ergeva dal terreno: alberi, isbe e capannoni, cosicché erano disponibili solo pochi fortini e trincee per cercare di ripararsi e, come se non bastasse, le munizioni cominciavano a scarseggiare.

Nelle prime ore di giovedì 13, i russi del 1004° reggimento tentarono un assalto al monastero di Otenskii, ma furono respinti dalle sue difese e, approfittando del loro successo, una pattuglia di esploratori fu inviata a Possad, poiché non erano ancora in grado di evacuare i loro feriti.

Possad era ancora sotto un cannoneggiamento infernale. In un punto del suo perimetro difensivo, originariamente coperto da un plotone, erano rimasti solo un sergente e due *guripas*, che sparavano in tutte le direzioni. Il nemico li caricò, ma questi ultimi, considerandosi già morti, si alzarono in trincea gridando all'unisono "Su la Spagna!" e sparando, alcuni russi caddero, mentre gli altri, pensando che fosse un contrattacco, si fermarono e, alzando le braccia, gridarono "Niet Komunist" e si arresero. Stupito, uno dei guerriglieri li condusse nelle retrovie, mentre gli altri due rimasero nella trincea, ma il primo, riluttante a lasciare soli i suoi compagni, indicò ai russi il posto di comando e li mandò lì da soli. Lo fece così bene che i prigionieri chiesero di far capire al maggiore Vallespin la situazione dei suoi uomini, e questi inviò due *guripa* come rinforzi.

Lì, accanto al posto di comando, erano ammassati i cadaveri con i volti giovani degli studenti universitari. Appartenevano al 2° battaglione del colonnello Rodrigo, quasi tutti membri del SEU falangista. Possad aveva posto fine alla loro carriera universitaria.

I colonnelli Rodrigo ed Esparza decisero di salvare la guarnigione di Possad, ma l'evacuazione dei feriti avrebbe dovuto attendere la notte per non essere visti dal nemico. Tuttavia, Esparza consigliò a Rodrigo che Possad e Otenskii potevano essere tenute solo a costi troppo elevati, quindi era saggio ritirarsi. E per evitare altre perdite inutili. La marcia dei feriti iniziò alle 16.00, e ce la fecero felicemente nonostante il pesante fuoco dell'artiglieria russa.

Il neo-comandante Tomás García Rebull, un veterano, si presentò al colonnello Esparza, che lo assegnò al comando di Possad, in sostituzione del comandante Luque, che era stato ferito, e allo stesso tempo lo informò dello schieramento.

Data la situazione, Muñoz Grandes decise di ritirare le unità ben addestrate che aveva nella testa di ponte di Novgorod e di sostituirle con truppe di trasporto e di servizio.

Esparza, che aveva spostato il suo PC a Otenskii, telefonò a Muñoz Grandes e quest'ultimo gli comunicò che aveva deciso di alleggerire tutte le forze di Possad, perché gli uomini avevano combattuto bene, disse, ed era ora di condividere la gloria e il pericolo. Alleggerendo le sette compagnie che erano lì a sole tre, ma .... il numero di soldati rimase lo stesso!

Nel frattempo, a Grigorovo, von Chappuis richiese la presenza di Muñoz Grandes, con il quale ebbe un colloquio teso e burrascoso. Von Chappuis esordì lamentando la catastrofica incuria di cavalli e veicoli a motore e offrì a ufficiali e soldati tedeschi di consigliare e istruire gli spagnoli nella cura dei mezzi di trasporto. Muñoz Grandes rifiutò immediatamente l'offerta in quanto "incompatibile con l'onore della Divisione", e von Chappuis non lesinò parole nell'esaminare le cause della situazione. Offeso, Muñoz Grandes rispose che "la Divisione era stata rifornita di cavalli e veicoli di scarsa qualità a Grafenwörh, che si era lamentato all'epoca, ma che gli era stato detto che la Divisione sarebbe stata riequipaggiata con il materiale catturato ai russi, che non solo non gli era stato consegnato, ma che al contrario non aveva né foraggio abbondante né selle adeguate, né pezzi di ricambio per le auto e i veicoli a motore". Con gli occhi fiammeggianti, Muñoz Grandes gli disse infine "che i tedeschi sembravano considerare la sua Divisione, il cui unico obiettivo era quello di combattere e morire a fianco dei loro compagni tedeschi, come un ostacolo piuttosto che un aiuto". Confuso, von Chappuis gli chiese come fosse arrivato a questa conclusione e rapidamente, come una mitragliatrice, gli fornì più di una dozzina di esempi.

Sicuramente von Chappuis non si sarebbe mai rivolto in quel modo a un generale subordinato, ma quello che non aveva assolutamente capito era che Muñoz Grandes comandava una forza di spedizione spagnola all'interno della Wehrmacht e che rappresentava il capo dello Stato spagnolo. Ed era lui, e non von Chappuis, ad aver ricevuto personalmente istruzioni sulla sua missione da Adolf Hitler in persona a Rastenburg. Von Chappuis non aveva idea della sensibilità del personaggio spagnolo, della statura dell'uomo che aveva di fronte o delle intricate questioni internazionali coinvolte.

Il giorno successivo von Chappuis inviò un rapporto al suo superiore Busch, che lo trasmise all'OKH. Il rapporto si concludeva raccomandando che la divisione spagnola lasciasse il fronte il prima possibile. Da parte sua, il capitano Collatz. Capo del distaccamento di collegamento, che era stato presente al colloquio, inviò un rapporto molto più ottimista, rivelando un notevole apprezzamento per Muñoz Grandes e i suoi uomini. Busch esaminò i rapporti e, dopo averli esaminati, diede istruzioni a von Leeb di far ritirare la divisione e di sostituirla con un'altra divisione tedesca, ma von Leeb aveva altri e più gravi problemi.

Muñoz Grandes non avrebbe mai accettato il ritiro e un ruolo ridotto per la Divisione Blu. In gioco non c'era solo l'onore, ma forse anche la sovranità spagnola. La Divisione Blu aveva una duplice missione: la prima e più ovvia era quella di partecipare alla lotta contro l'URSS e la seconda, molto più sottile, era quella di dimostrare a Hitler che gli spagnoli avrebbero combattuto e accettato qualsiasi numero di perdite. Si stava organizzando l'Operazione Felix e bisognava convincere il Führer che qualsiasi invasore avrebbe pagato a caro prezzo ogni centimetro di suolo spagnolo.

Muñoz Grandes si trovò di fronte a un difficile dilemma. A qualunque costo, Possad doveva essere tenuta. La ritirata era fuori discussione, perché i "doiches" l'avrebbero presa per debolezza. D'altro canto, però, lo addolorava vedere i suoi uomini sacrificati per ciò che era considerato insostenibile. Ma Muñoz Grandes fu così fortunato che i russi, dopo aver battuto invano il bastione, decisero di lanciare nuove unità contro la 126ª Divisione della Wehrmacht e diedero a Possad un po' di respiro.

Il 3 dicembre la battaglia del saliente di Tikhvin iniziò con un attacco agli spagnoli a Nikltkino alle due del pomeriggio, e l'assalto divenne generalizzato il giorno successivo, con l'irruzione dell'intero fronte coperto dalla

Divisione Blu. Alle quattro del mattino, con temperature di meno 30 gradi, i russi attaccarono verso Possad e Otenskii, riuscendo a raggiungere l'anello esterno di case. Solo dopo quattro ore di pesanti combattimenti corpo a corpo furono respinti. Otenskii era circondata e i russi stavano ancora cercando di sfondare, mentre Dubrovka, Nikltkino e Tigoda iniziavano a essere bombardate dall'artiglieria.

Alle cinque e un quarto del mattino due compagnie si lanciarono su Shevelevo, ma gli spagnoli li stavano aspettando, poiché un disertore, spintosi a Tigoda, aveva riferito dell'attacco e che i PC sarebbero stati gli obiettivi. Non appena i russi si avvicinarono furono accolti da una pioggia di bombe a mano e da un fuoco pesante che li fece a pezzi. Un distaccamento si mise a esaminare i cadaveri, scoprendo, sotto i loro abiti bianchi, uniformi di tutte le armi e servizi. Tra loro c'erano ex ufficiali, piloti e persino medici. Era un'unità punitiva inviata alla vita e alla morte. Le perdite russe quel giorno ammontarono a 550 morti in cambio della vita di 130 spagnoli, troppi per i battaglioni spagnoli decimati.

Von Chappuis era preoccupato per il potenziale declino delle sue unità. Quella sera discusse la questione con il suo capo von Busch, dicendogli che la 126^a era tesa al limite e che il vitale punto di attraversamento di Chudovo era in pericolo. Gli spagnoli avevano lo stesso problema, ma il loro era particolarmente acuto a causa dei 110 km di lunghezza del loro fronte. Chudovo fu affidato alla 126^a, mentre la 250ª copriva Novgorod.

"Non credo che gli spagnoli possano tenere Novgorod di fronte a un forte attacco russo", continuò von Chappuis. Busch rispose: "Il capo della Divisione Blu mi ha detto che soprattutto sul fronte di Novgorod saranno in grado di mantenere le loro posizioni". Con questo commento categorico fece capire che credeva e si fidava di Muñoz Grandes, perché sebbene fosse preoccupato per gli spagnoli, non era in preda al panico. Von Chappuis era stato indotto ad adottare un'opinione affrettata e ora ne stava pagando le conseguenze. Aveva perso la fiducia del suo comandante d'armata mentre uno dei suoi subordinati stava per ottenerla.

Ma Muñoz Grandes dovette dimostrare che i suoi uomini potevano resistere. Possad e Otenskii furono attaccati in modo piuttosto debole dal 305° Fucilieri. Il tempo cambiò improvvisamente e un freddo incredibile di meno 35 gradi Celsius assalì gli spagnoli. I russi attaccarono di nuovo con le riserve portate da Poselok, mentre i loro aerei e cannoni martellavano le posizioni spagnole a Possad. L'attacco iniziò alle 8.35 con i fucilieri ubriachi dei reggimenti 1002° e 1004° che convergevano su tutti i lati di Possad, sostenuti dai carri armati leggeri del 3° battaglione del 5° corazzato. Travolsero le postazioni d'ascolto e quando si precipitarono sulle fosse di fucileria più avanzate, finirono i *guripa* feriti con picconi e pale da trincea, ma questo fu il limite della loro avanzata.

Infine, von Chappuis propose la ritirata, ma questa era stata rinviata dal capo del Gruppo d'Armate Nord (von Busch) in attesa della costruzione di posizioni difensive, ma von Chappuis non aveva ancora dato l'ordine corrispondente. Di nascosto, senza informare il suo superiore, Muñoz Grandes si stava preparando ad evacuare i suoi uomini. Si trattava di una grave violazione dell'autorità e Muñoz Grandes lo sapeva.

La notte del 6 dicembre inviò il suo secondo, Rodrigo, a Shevelevo con ordini verbali a Esparza che indicavano che la ritirata era stata fissata in linea di massima per la notte tra il 7 e l'8 dicembre. E soprattutto, la ritirata doveva essere effettuata in perfetto ordine e con il minimo numero di vittime. Così, alle 4:30 della notte del 7, Muñoz Grandes ordinò che la ritirata iniziasse alle 21:00.

Profondamente preoccupato e totalmente all'oscuro di ciò che stava accadendo sotto il suo naso, von Chappuis telefonò a von Busch alle 7 di sera, raccomandando la ritirata della 250ª Divisione attraverso il Volkhov; quest'ultimo acconsentì, poiché aveva già dato ordine al mattino di evacuare Tikvin. L'ordine di ritirata fu dato alle 22.14, quando la guarnigione Possad aveva già superato Otenskii e gli uomini del Monastero si muovevano verso ovest in perfetto ordine. I battaglioni incendiarono i villaggi prima di ritirarsi attraverso il fiume ghiacciato. L'ultimo camion, partito da Sitno, trasportava le croci dal cimitero dove erano stati deposti i resti dei morti spagnoli.

"Rimanete a terra", "Non un passo indietro" ripeteva Muñoz Grandes. Era chiaro cosa intendesse: la nuova linea sarebbe stata mantenuta a qualsiasi costo.

Von Chappuis, come al solito, dubitava che avrebbe retto. A suo parere, il generale spagnolo sembrava più preoccupato di far uscire i suoi uomini (che avevano interrotto il contatto con i russi senza subire alcuna perdita) che di salvare i rifornimenti e l'artiglieria. A Itenskii i rifornimenti erano stati consegnati ai *guripa*, che si erano liberamente riforniti di cioccolato e brandy, e invece di caricare i camion con le razioni rimanenti, gli spagnoli li usarono per trasportare i loro feriti. Quando il capo del Corpo d'Armata rimproverò Muñoz Grandes per questo, egli rimase singolarmente imperturbato. O, come siamo soliti dire noi spagnoli, "non gliene fregava niente".

▲ Fotografia di divisionari alla stazione radio all'aperto (BVD).

▼ Cattedrale di Santa Sofia a Novgorod. I soldati spagnoli della Divisione Blu rimossero la grande croce principale e la trasferirono in Spagna, dove rimase fino al novembre 2004 (BVD).

▲ Soldati della Divisione Blu si divertono nel paesaggio sovietico innevato (BVD).

▼ La Divisione Blu in viaggio verso il fronte orientale. I volontari condividono le salsicce in un momento di convivialità. (BVD)

▲ Il generale Wilhelm Ritter von Leeb tiene un discorso, alle sue spalle il generale Agustín Muñoz Grandes (BVD).

▼ Una sentinella sulle mura del Cremlino di Novgorod (BVD).

▲ L'addetto militare a Berlino, il tenente colonnello Moyano, visita il fronte (BVD).

▲ Cimitero spagnolo, forse Sluzk. Vista parziale, con una croce che commemora i caduti nelle battaglie di Posselok. Croce con la bandiera nazionale in vigore all'epoca, a mezz'asta (BVD).

▲ Cannone sulle rovine (BVD).

▼ Ritratto di un gruppo di divisionari accanto a un controcarro tedesco (BVD).

▲ Tre soldati maneggiano un cannone (BVD).
▼ A ogni convalescente della Divisione Blu veniva consegnato un pacco contenente vari oggetti, tra cui un ritratto del Führer (BVD).

▲ Cerimonia di decorazione (BVD).

▼ Soldato della Divisione Blu con fucile ed elmetto d'acciaio di guardia su un ponte di legno (BVD).

▲ Ritratto di due soldati della Divisione all'ingresso di un rifugio (BVD).

▲ Alti comandanti militari spagnoli e tedeschi, ciascuno con la propria uniforme (BVD).
▼ Alti comandanti militari e spagnoli salutano un'infermiera (BVD).

▲ Il decorato divisionario Juan Chicharro Lamamie de Clairac nella sua uniforme invernale (BVD).

▲ Fotografia del responsabile dell'ufficio postale che riceve la posta (BVD).

▲ Il generale Moscardó saluta i coraggiosi sottufficiali decorati con la Croce di Ferro per il loro eroismo nei combattimenti del dicembre 1941. La foto mostra il coraggioso Luis Nieto che riceve la decorazione (BVD).

▼ I caporali Agustín Barrios e Herminio González García posano per la macchina fotografica. Si noti lo stemma non ufficiale della DA del caporale a sinistra nella foto (BVD).

▲ Il generale Emilio Esteban Infantes a colloquio con un camerata tedesco (BVD).

Il 18 dicembre Hitler cedette all'inevitabile e annunciò che, a causa del prematuro e rigido clima invernale, le grandi offensive sarebbero state interrotte e si sarebbe passati alla difensiva.

Era sempre più evidente che solo il Volkhov avrebbe fornito una linea difensiva invernale. Gli spagnoli erano lì e von Busch era stato grato di vedere che la 250ª Divisione poteva resistere. Muñoz Grandes riorganizzò le sue scarse forze per dare un po' di profondità alla difesa, che aveva solo dieci giorni di riposo, mentre il 126° e il 23° Corpo d'Armata venivano tormentati dietro le loro linee dai partigiani russi, creando scompiglio nelle loro colonne di rifornimento e interrompendo le loro comunicazioni.

Il 20 dicembre, il 126° e il resto delle unità tedesche ricevettero l'ordine di ritirarsi e di attraversare il Volkhov. Il 25 dicembre, i russi iniziarono il Natale lanciando un attacco a Udarnik, la cui guarnigione, composta dalla 7ª e 8ª compagnia della 269ª e dal 5° plotone anticarro, riuscirono a respingere al comando del maggiore Roman. Alle 2.30 il capitano Temprano riferì da Lobkovo al colonnello Esparza che da nord, in direzione della nuova posizione "Intermedia", si sentiva un forte fuoco e che non sapeva cosa stesse succedendo perché non aveva avuto il tempo di stabilire una linea telefonica.

Nell'"Intermedio", il guardiamarina Rubio Moscoso, che lo comandava dal giorno precedente, era riuscito a malapena a scavare qualche buca per i tiratori scelti. Non ci furono notizie fino a quando un sergente ferito e barcollante, inviato dal guardiamarina, arrivò per riferire che erano sotto un pesante attacco e che era partito con due soldati, ma che, raggiungendo la strada Lobkovo-Udarnik, 300 metri più indietro, si erano imbattuti in una lunga colonna sovietica che si dirigeva a nord verso Urdaniz. Una radura nella colonna diede loro l'opportunità, uscirono dal bosco e sfondarono la formazione nemica, furono individuati e attaccati, il sergente fu ferito, ma riuscì comunque a fuggire, mentre i suoi compagni caddero lì.

A meno 36 gradi sotto zero partirono in ricognizione: un plotone si diresse a nord verso i tedeschi del 126° a Plostishno e il plotone del tenente Ochoa a sud verso Lockovo. Il tenente, conosciuto dai suoi uomini come "il Sindaco" (si era dimesso da sindaco di Ceuta per unirsi alla Divisione Blu), guidò i suoi trentadue uomini lungo il percorso del campo minato fino a raggiungere la strada Udarnik-Lobkovo. Erano le 3.30 del mattino e rimanevano otto ore di buio.

Si vedeva poco e non si sentiva nulla, perché il fruscio degli alberi e il forte vento con raffiche di neve polverosa limitavano la visibilità a pochi metri. E così, all'improvviso, le due colonne si incontrarono frontalmente, con reciproca sorpresa, gettandosi tutti nei fossati e aprendo il fuoco. Cinque *guripas* caddero e Ochoa fu colpito. Trascinando i feriti, il plotone malconcio riuscì a raggiungere Udarnik.

Il comandante Román chiamò il colonnello Esparza e riferì: "La situazione è grave, signore. Il tenente Ocho ha una grave ferita al petto e abbiamo perso quindici uomini su trentadue. Il nemico sembra essere molto numeroso.

Esparza rispose a Román che aveva allertato il tenente Petenghi con la sua sezione d'assalto e Vallespín a Miasnoi Bor. Sarebbero andati in camion verso sud fino a Udarnik, ma purtroppo ci sarebbero volute diverse ore prima che arrivassero.

Il colonnello indicò anche che Garcia Rebull stava andando a nord da Vitka a Lobkovo e che con i rinforzi disponibili avrebbero attaccato Udarnik verso il basso e verso l'alto da Lobkovo, avvolgendo i russi nella posizione intermedia. Roman riattaccò e chiese un volontario per controllare cosa stesse accadendo nella posizione intermedia, e il *guripa* Mariano Ferrer si presentò e partì immediatamente per questo.

Ordinò quindi una ritirata verso le postazioni esterne e i russi seguirono, occupando le isbe più a sud, ma senza attaccare, accontentandosi di mitragliare le case e di bombardare il villaggio con i mortai.

Il colonnello Esparza, sapendo che c'era una discarica tedesca a Miasnoi Bor, telefonò al suo comandante, gli spiegò la situazione e gli fornì le coordinate della mappa, ma i tedeschi rifiutarono di dare il loro appoggio.

Alle 6.30, il comandante Román chiamò il colonnello Esparza: "Siamo circondati da un battaglione, colonnello. I trenta uomini che mi sono rimasti si sono trincerati nella cappella e in alcune isbe vicine. Intendo contrattaccare. Penso che dovreste aspettare", rispose Esparza, "che arrivino Villaspin e Petenghi e poi li prenderemo nel fuoco incrociato.

Spingendo il Pak 37, gli anticarro uscirono dalla cappella, i loro cannoncini abbaiarono di nuovo mentre i *guripas* avanzavano con un bombardamento netto. I feriti che ancora camminavano sparavano e inciampavano. Il cannone sfondò con una pepita la finestra di un'isba a 200 metri di distanza e i *guripas* la presero d'assalto mentre altri due *guripas*, catturati poco prima, uscivano gridando ¡Arriba España! e, imbracciati i fucili, si unirono all'assalto. Alle 7.30 Urdanik era di nuovo in mano agli spagnoli.

Petenghi fece rapporto tre minuti dopo e Vallespin alle 9. La 126ª Divisione aveva nel frattempo respinto l'attacco russo a Ploshtino e, rendendosi conto che il principale assalto sovietico era avvenuto nel settore spagnolo, inviò immediatamente quattro compagnie a Urdanik per aiutare gli spagnoli, ma i russi erano già in fuga quando arrivarono.

Román guidò quindi la colonna verso sud, superando file di cadaveri russi. Garcia Rebull stava contemporaneamente avanzando verso nord da Lobkovo. Una pattuglia avanzò per liberare la strada alla colonna di soccorso di Román. Caschi, armi, cadaveri e attrezzature erano sparsi lungo la strada e nei boschi. Il corpo congelato di un caporale spagnolo giaceva nel punto di incontro della notte precedente e davanti a noi si stagliava la collina della posizione intermedia. Gli esploratori si misero alla ricerca della strada, scoprendo tra le linee il soldato Mariano Ferrer, che era ancora vivo e cercava di strisciare verso di loro. Quando lo raccolsero, scoprirono che era stato ferito tre volte e che tutte le sue dita erano congelate e dovevano essere amputate. Salendo il pendio verso l'Intermedio, gli esploratori passarono accanto a decine di cadaveri russi. La pattuglia raggiunse la collina. Silenzio. Poi arrivarono grida di rabbia e di angoscia. I commissari politici avevano fatto il loro lavoro. Gli spagnoli erano stati inchiodati a terra con picconi e i feriti erano stati finiti. Un ruggito primordiale di angoscia attraversò le file spagnole. Mentre le truppe di Román e García Rebull inseguivano i russi, il plotone d'assalto di Petenghi, rispondendo con furia, dava la caccia ai sovietici nella foresta. Fiutati nel ghiaccio aperto del Volkhov, i soldati del 1002° e del 1004° furono falciati senza tanti complimenti. La situazione si ristabilì a mezzogiorno. Non furono fatti prigionieri.

I commissari radunarono i loro uomini per un nuovo assalto. Alle 14, i resti di tre battaglioni, circa due compagnie, uscirono da Russa attraverso il ghiaccio e attaccarono la vecchia cappella. Il tenente Escobedo fu ferito nella prima raffica. Superando il plotone, i russi ricominciarono il loro terribile compito, ma prima che potessero finire, due compagnie del 1° del 269° arrivarono a tutta velocità da Lobkovo con due compagnie del 269°. Nel giro di dieci minuti, i russi furono sloggiati dalla collina e ricacciati sul ghiaccio. Nessuno sopravvisse. Secondo il conteggio dei corpi, le perdite russe ammontarono a 1.080 morti e nessun prigioniero; le perdite spagnole furono di 3 ufficiali uccisi e 4 feriti, e 32 sottufficiali e soldati uccisi e 61 feriti, tutti del 269° reggimento.

Muñoz Grandes percepì la rabbia e la furia che ora dominavano i suoi uomini. Per incanalare le loro emozioni, per calmarli e per dimostrare che condivideva il loro dolore, emise il seguente proclama:

"L'azione iniziata il 24 è culminata ieri, 27, con il massimo sforzo del nemico. Con forze nettamente superiori alle nostre, ha cercato di sfondare le nostre linee.

Sono pienamente soddisfatto di voi e desidero rendere un tributo di gratitudine a quei coraggiosi uomini della Posizione Intermedia che hanno eseguito l'ordine: "È impossibile ritirarsi, bisogna resistere come se si fosse inchiodati a terra". Nessuno di loro si è ritirato. Durante il breve periodo in cui hanno occupato la posizione, i barbari russi hanno inchiodato a terra i nostri morti e feriti con gli spuntoni. L'ordine fu eseguito alla lettera.
....
Per una volta, la bestialità rossa è servita a rendere più sublime il coraggio dei nostri soldati.
Che orgoglio essere spagnoli."

Muñoz Grandes

L'impresa del lago di Ilmen

Il 7 gennaio 1942 si scatenò l'inferno nel settore meridionale della 16ª Armata. I sovietici sfondarono la linea del fiume Lovat e avanzarono di 50 km fino alla periferia di Staraia Russa, il principale centro di rifornimento del X e del II Corpo d'armata. Quattro armate mobili sovietiche convergevano su sei armate tedesche statiche e allungate. In questa guerra invernale, senza una linea del fronte, le unità tedesche erano isolate e circondate. Una piccola unità della 290ª Divisione difendeva Vivad, alla foce del Lovat. Il capitano Prölh comandava la sua piccola guarnigione, che fu presto raggiunta dai resti delle postazioni invase. Lottando per sopravvivere, il X Corpo non poteva risparmiare nessuna unità per venire in aiuto a qualcuno. La richiesta di aiuto arrivò alla 16ª Armata. Von Busch stava gettando nella battaglia tutto ciò che poteva: forze di polizia, lettoni, guardie domestiche russe. Cercò una via d'uscita e, ricordando la ricognizione spagnola sui ghiacci del lago Ilmen, ordinò a von Chappuis di inviare un'unità spagnola in soccorso di Vsvad.

Di fronte al compito che i tedeschi gli stavano lanciando, Muñoz Grandes non esitò ad accettarlo, anche se non aveva riserve disponibili. Tuttavia, si decise che sarebbe stata la Compagnia di sciatori, con sede a Samokritzha, comandata dal capitano Ordás e composta da duecento gourmans.

Il termometro segnava 32 gradi sotto zero quando, sabato 10 gennaio 1942, i 205 uomini della compagnia si presentarono in tenuta invernale bianca davanti al loro capitano. Il generale aveva inviato il suo aiutante di campo, il capitano di corvetta Mora Figueroa, per augurare buona fortuna al punto di partenza a Spaso-Piskopets. "State per liberare un battaglione di compagni tedeschi", gli disse. Avanti, gridò Ordàs, a squarciagola, e si mise in marcia. Accanto a lui camminava una figura robusta e di mezza età, la cui ombra quasi assorbiva quella del piccolo capitano. Ordas lanciò uno sguardo fiducioso al suo compagno, il sergente Willi Klein, un interprete tedesco aggregato dal distaccamento di collegamento alla Compagnia Sci. Non avevano avuto il tempo di fare amicizia, ma Klein aveva vissuto in Spagna, come commerciante a Bilbao, prima della guerra civile ed era stato prigioniero dei rossi fino alla liberazione da parte dei nazionalisti. Klein aveva un grande rispetto per Ordás, il cui portamento gli era valso il soprannome di "Prussiano" da parte dei suoi uomini.

La compagnia partì pesantemente, trasportando rifornimenti ed equipaggiamento sulle slitte. C'era stato un tentativo di requisire le slitte e i cavalli, ma i contadini, temendo che non sarebbero stati restituiti, si erano offerti di fare da autisti. Un totale di 70 mujiks (russi) accompagnarono la forza di soccorso spagnola.

A poche ore dall'inizio della marcia, Ordás chiamò radio Varela per riferire l'avanzata al quartier generale, ma il generatore della radio si era bloccato. Senza esitare, Ordás ordinò a Valera di tornare a prenderne un altro. "Conosci la strada", gli disse con calma. "Raggiungici appena puoi".

Il freddo era doloroso, il sole sorgeva, ma ancora non c'era calore. Ordás seguì la rotta della bussola aggirando profondi crepacci e grandi piattaforme di ghiaccio, sollevate dal moto ondoso della superficie del lago. Mentre Varela e la sua squadra iniziavano il viaggio di ritorno, cercando di portare a termine la loro missione. Finalmente Varela arrivò e si presentò al suo capitano in stile "prussiano".

Dopo aver avviato i contatti con la Divisione, sono state ricevute le seguenti comunicazioni:

1 gennaio, ore 21.30. Muñoz Grandes de Ordás: "La guarnigione di Vsvad resiste coraggiosamente... È assolutamente necessario aiutarli. Lo esigono l'onore della Spagna e lo spirito di fratellanza del nostro popolo".

11 gennaio, ore 2. Muñoz Grandes a Ordás: "Sei l'orgoglio della nostra razza, confida in Dio e attacca da spagnolo".

La marcia continuò, a 53 gradi sotto zero, e dopo quella che sembrò una marcia interminabile, dato che le otto ore previste erano diventate ventidue, la Compagnia Sciatori raggiunse la sponda meridionale del lago Ilmen, vicino a Istrika. Due sentinelle dell'81ª Divisione osservarono nervosamente l'avvicinarsi di una colonna di soldati alla loro postazione. Una di loro si sforzò di vedere qualcosa e disse al suo compagno: "Ci sono i rossi". Un sergente e alcuni soldati si schierarono immediatamente. Vedendo le ombre nella luce del mattino, il sergente gridò: "Stoj!" Una voce rispose: "Tedesco?" E ancora: "Tedesco?" "Mi dispiace sergente", gridò uno dei suoi uomini. "Non sparate, sono spagnoli". Poi si sentì una voce in tedesco: "Non sparate. Siamo compagni della Divisione Blu spagnola. Sono il sergente Klein, interprete" e Klein corse dai suoi compagni perché non ci fossero errori.

Gli spagnoli furono condotti in quello che sembrava un palazzo: una piccola isba di legno con un fornello - e persino del tè caldo! Poi Ordas e i suoi uomini appresero che Vsvad resisteva ancora e che sarebbero passati sotto il comando temporaneo dell'81ª Divisione, schierata sulle rive del lago Ilmen. La Compagnia degli Schermagliatori fu un gradito, anche se debole, rinforzo. Ordas ordinò l'evacuazione di centodue dei suoi uomini per congelamento, diciotto dei quali con doppie amputazioni.

Al sicuro sulla sponda meridionale del lago, ma non a Vivad, Ordás comunicava con Muñoz Grandes, il cui Stato Maggiore registrava i messaggi scambiati via radio:

11 gennaio 10'10 h. Da Ordás a Muñoz Grandes
Dopo aver superato la barriera di ghiaccio e attraversato crepacci, in acque profonde fino al ginocchio, abbiamo raggiunto Ustrika.
10'30 h. Da Muñoz Grandes a Ordás

So dei vostri sforzi durante la marcia. …… La guarnigione di Vsvad resiste ancora. Dovete salvarla a tutti i costi, anche a costo di morire di freddo nel lago. Devi andare avanti, da solo, se necessario fino alla morte. Dovete raggiungere Vsvad e morire con loro. In nome della patria, grazie. Non perdetevi d'animo, ho fiducia in voi.

17 gennaio 22 h. Da Ordás a Muñoz Grandes
Il nemico contrattaccò con due battaglioni, con cannoni anticarro e sei carri armati medi, che travolsero rapidamente l'avanguardia spagnola. Il distaccamento circondato ha reagito eroicamente… Dei 36 spagnoli dell'avanguardia, 14 sono stati uccisi. Gli altri hanno sfondato l'accerchiamento e si sono uniti alla compagnia. Stiamo scavando in…… e resisteremo al prossimo attacco importante. Alle 21 abbiamo ricevuto l'ordine di stabilire un avamposto a Maloe Utchno.

19 gennaio 13'30 h. Da Ordás a Muñoz Grandes
Alle sette e mezza di oggi il nemico ha sferrato un attacco in massa a Maloe Utchno sopprimendo la guarnigione di 25 spagnoli e 19 tedeschi. L'attacco è stato sostenuto da carri armati. La Compagnia si è schierata ed è riuscita a salvare cinque spagnoli e due tedeschi feriti. La forte concentrazione nemica ci ha impedito di riconquistare la postazione. La guarnigione non capitolò. Sono morti con le armi in pugno. Abbiamo osservato una grande massa nemica in direzione di Maloe Utchno. Aspettiamo l'attacco. Moriremo come spagnoli.
23 h. Da Muñoz Grandes a Ordás
Parlate come solo gli eroi farebbero. Questo è l'unico modo per costruire un impero. Coraggio. Il vostro comportamento è l'orgoglio di questa coraggiosa Divisione. Nonostante tutto, vincerete. C'è un Dio e vi concederà la vittoria, perché siete i figli più coraggiosi della Spagna. Un abbraccio che non sarà l'ultimo.

21 gennaio 14'30 h. Da Ordás a Muñoz Grandes
La scorsa notte siamo stati bombardati tre volte dagli aerei russi. Al crepuscolo, grandi masse nemiche sono avanzate contro le nostre posizioni. Diversi volontari sono usciti per dare fuoco ai carri armati nemici. Il movimento di penetrazione dell'attacco è stato contenuto e il nemico si sta ritirando. Dio esiste.
Ore 16. Il capo dell'81ª Divisione si congratula con noi e conferisce le decorazioni.

9'45 h. Da Ordás a Muñoz Grandes
Un distaccamento è partito questa mattina da Maloe Utchno per Vsvad. La guarnigione di Vsvad, che ha fatto una sortita ieri sera, ha abbracciato i nostri uomini sul lago ghiacciato a sette chilometri a est di Uzhin. I vostri ordini sono stati pienamente eseguiti.
11:00 Ordás a Muñoz Grandes
La nostra forza lacustre è tornata. La maggior parte di loro ha subito un congelamento.

25 gennaio 1'40 h. Da Muñoz Grandes a Ordás
Dimmi quante persone coraggiose sono rimaste.
18'45 h. Da Ordás a Muñoz Grandes
Siamo rimasti in dodici.

L'impresa della Compagnia degli Sciatori e i loro sforzi per salvare Vsvad sono tra gli episodi più eroici mai registrati da entrambe le parti nella Seconda Guerra Mondiale. Da soli, questi uomini hanno combattuto e sono morti, guadagnandosi un posto immortale nella storia.
In contrasto con i commenti critici sugli spagnoli nel Diario di Guerra del 28° Corpo d'Armata, che arrivava a non esaltare nemmeno la Compagnia Schermagliatori, il Distaccamento di Collegamento scoppiava giustamente di orgoglio. Il generale Schopper inviò un messaggio personale di encomio al suo compagno di Grigorovo e conferì 23 Croci di Ferro. Il generale Francisco Franco ha inviato un messaggio speciale per conferire a Ordás la sua seconda Medaglia Militare e anche la Medaglia Militare collettiva alla Compagnia di Sciatori. Muñoz Grandes, orgoglioso dei suoi uomini, inviò un grosso plico di documentazione per riferire l'impresa ad Adolf Hitler, che ne diede lettura a Rastenburg.
Il 15 gennaio fu un giorno buio per il Gruppo di Armate Nord, poiché il desiderio di riconquistare Temerest da parte di forze congiunte ispano-tedesche confermò che i russi erano molto saldi nella loro testa di ponte,

avendo aperto un varco di 6 km tra la 126ª e la 125ª Divisione. Muñoz Grandes ricevette un rapporto dal suo capo delle informazioni secondo cui la Divisione Blu non doveva aspettarsi un attacco frontale, poiché i commissari sovietici avevano detto ai suoi uomini che gli spagnoli avevano punito così tanto la 305ª Divisione Fucilieri che preferivano cercare un nemico più debole. Ma c'era un fatto ben noto a tutti: la fanteria russa non era particolarmente disposta a impegnarsi in un combattimento ravvicinato con gli spagnoli.

Ma il generale Franco non ne era così sicuro, perché la sua Tavola delle mappe rivelava tutta la portata del disastro tedesco.

Di conseguenza Franco ordinò al suo ambasciatore a Berlino, il conte de Mayalde, di fare pressione sui tedeschi affinché ritirassero la Divisione dal fronte, ma i tedeschi non volevano ritirarla dal fronte, semplicemente perché non avevano nulla con cui sostituirla; quindi, continuarono a insistere che la situazione al fronte non era grave e che la Divisione Blu aveva un battaglione di riserva. All'inizio di gennaio, Krappe informò il generale Asensio, capo dello Stato Maggiore Centrale spagnolo, che questo battaglione era a Hof e alla fine del mese l'OKW disse che era al fronte con la divisione, ma in tutto questo tempo Asensio non aveva mancato di sapere che il 250° battaglione di riserva era stato praticamente annientato nella caserma di Muravevskiia nell'ottobre precedente.

In Spagna, il generale Asensio dovette affrontare il problema della diminuzione dei volontari. I veterani che rientravano parlavano dei rigori del freddo e dei duri combattimenti contro un nemico in inferiorità numerica. Inoltre, si lamentavano dell'atteggiamento superiore di alcuni tedeschi nei confronti degli spagnoli e delle pensioni per le vedove di guerra e i mutilati, che tardavano ad arrivare.

Per riportare la Divisione Blu a piena forza, dall'aprile all'ottobre 1941 fu avviata una rotazione delle staffette in due fasi. Nella prima, per dieci giorni dovevano essere inviati battaglioni misti di 300-400 uomini e nei secondi battaglioni di marcia di 900-1.000 uomini. Così la prima spedizione di soccorso arrivò a Novgorod il 26 marzo 1942 e il 7° battaglione di marcia il 12 aprile successivo.

Tutte le spedizioni seguirono la stessa routine: visita medica, cambio dell'uniforme, consegna dell'equipaggiamento personale e delle armi leggere, giuramento di fedeltà al Führer e imbarco per il fronte. Normalmente ogni spedizione era pronta a lasciare Auberbach ogni settimana, ma il 7° Battaglione dovette aspettare tre settimane perché il Quartiermastro tedesco non aveva uniformi per equipaggiarlo, ma finalmente il 5 maggio arrivò a Novgorod, dove iniziò immediatamente la distribuzione dei suoi uomini. Il colonnello Sagrado avrebbe sostituito Pimentel nel comando del 261'2 e avrebbe assunto il comando del 1° Battaglione di ritorno, che l'11 maggio sarebbe salito sui treni a Grigorovo per riportarlo a casa.

Il 30 maggio Lindemann stava stringendo le estremità della sacca di Volkhov pronto a strangolare la 2ª Armata d'urto, convinto che il generale Vlasov non si sarebbe ritirato, ma avrebbe aspettato il disgelo prima di riprendere l'attacco a ovest.

Vlasov, come Stalin, era disperato, perché Leningrado era al limite della sua resistenza e la strada di ghiaccio che la collegava stava per cedere.

Il 30 maggio, con il supporto degli Ju-87 "Stukas", i tedeschi attaccarono e nel giro di 24 ore Vlasov fu nuovamente circondato. Ciò rese necessario un ulteriore spostamento delle truppe spagnole verso nord.

Pertanto, il colonnello Salazar, nuovo capo di stato maggiore della Divisione Blu, distaccò il 250° battaglione di ricognizione e il gruppo anticarro a Dolgovo, dove furono raggiunti dalla 2ª brigata di fanteria motorizzata Waffen S.S. per creare una riserva del corpo d'armata. Allo stesso modo, il 3° Battaglione del 262°, comandato dal Maggiore Cuesta, fu ritirato dalla linea del fronte e tenuto in riserva a Tiutisy per un intervento immediato se i russi avessero iniziato lo sfondamento.

I russi tentarono invano di contrastare l'accerchiamento nonostante i loro attacchi con carri armati T-34, artiglieria pesante, aviazione e fanteria. Man mano che l'intensità degli attacchi sovietici aumentava, l'anello della Wehrmacht si ammorbidiva e le unità della 3ª Armata d'assalto iniziavano a filtrare. Pertanto, il 12 giugno, il Gruppo Cuesta, composto dal 250° Battaglione di ricognizione e dal Gruppo anticarro, lasciò Dolgovo ed entrò in linea a Bol Zamoshe.

Meretskov e Vlasov iniziarono la spinta finale alle 11.30 di martedì 23 giugno. La 2ª Armata si era diretta a est e la 59ª a ovest. All'alba del giorno successivo riuscirono ad aprire un varco e i soldati della 2ª Armata cominciarono ad attraversarlo. Ma i loro fianchi non ressero e il varco si richiuse entro mezzogiorno.

Vlasov diede l'ordine "ognuno per sé" e la resistenza organizzata crollò. La battaglia della tasca di Volkhov era finita.

Circa 16.000 russi riuscirono a fuggire, ma altri 14.000 rimasero all'interno della sacca. La Compagnia Schermagliatori e la 1ª della 263ª furono inviate a nord per unirsi alla 58ª Divisione della Wehrmacht, mentre il Gruppo Cuesta continuava il rastrellamento.

Il 28 giugno, Radio Berlino trasmise la vittoria tedesca e il generale Lindemann rivolse un'arringa speciale agli uomini della 18ª Armata, i cui ranghi comprendevano uomini della Wehrmacht, delle Waffen S.S., olandesi, fiamminghi e spagnoli.

Gli spagnoli erano stati in prima linea fin dall'inizio. Aggrappata a Novgorod mentre i russi sfondavano le linee di Lovat e Volkhov, la Divisione Blu era il solido cardine del XXVIII Corpo. Le unità spagnole furono prestate ad altre divisioni mentre i tedeschi lottavano per riprendersi. Per qualche tempo, l'offensiva invernale minacciò di sommergere i *Guripas*. Ci furono settimane di angoscia a Madrid e a Grigorovo. Muñoz Grandes inviò uomini dai servizi di supporto ai ranghi di combattimento mentre i governi tedesco e spagnolo discutevano la questione dei rinforzi. La guerra di Muñoz Grandes si combatteva su tre fronti: a Volkhov, Madrid e Rastenburg. Per questo fu ammirato da Franco e poi sollevato, inviando a sostituirlo il generale Emilio Esteban Infantes, che arrivò a Berlino il 14 giugno 1942.

Tuttavia, sebbene il generale Esteban Infantes sia arrivato a Hof il 16, abbia scambiato la sua uniforme con quella tedesca, abbia prestato giuramento al Führer e sia stato informato che sarebbe partito da Berlino per il fronte il 19, tutto è stato improvvisamente sospeso, poiché Adolf Hitler non era affatto d'accordo con il soccorso.

L'ammiraglio Canaris fu inviato a Madrid, dove il 22 giugno fu ricevuto da Franco che, senza rivelare il desiderio del Führer, si limitò a chiedere se il suo Muñoz Grandes potesse rimanere temporaneamente al comando della Divisione Blu, cosa che egli accettò.

L'11 luglio Hitler ricevette Muñoz Grandes a Rastenburg e nel corso della loro lunga conversazione Muñoz Grandes gli chiese se potesse spostare la Divisione su un fronte più attivo, cosa che egli accettò pur sapendo che il Gruppo d'Armate Nord era contrario, poiché non voleva perdere la 250ª Divisione.

Poco dopo il loro ritorno al fronte, "radio macuto" trasmise il trasferimento anticipato della Divisione dal Volkhov alla Neva. A quel punto molti dei veterani erano già tornati in Spagna. Il 21 giugno il colonnello Rodrigo fu promosso generale di brigata e sollevato dall'incarico. Anche il maggiore Román tornò in Spagna e lasciò al capitano Bonet il comando del "secondo dei due sei nove", il che fu un onore, dato che il battaglione aveva una storia di coraggio e resistenza senza pari in tutta la Divisione. Tanto che la storia ufficiale sovietica della Grande Guerra Patriottica riconosce il 2° Battaglione del 269° Reggimento come la migliore unità della Divisione Blu.

Luglio iniziò con una serie di incursioni a ovest. Le forze di tutti e tre i reggimenti si spinsero nelle boscaglie e nelle paludi per inseguire e sconfiggere i resti della 2ª Armata d'Urto. Completamente demoralizzati e affamati, i russi si arresero di buon grado e solo alcuni riuscirono a fuggire e a mettersi in contatto con i partigiani nelle foreste occidentali.

A nord, la 250ª Ricognizione continuò a collaborare con la 50ª Divisione della Wehrmacht nella raccolta di prigionieri, catturando collettivamente oltre 7.000 ufficiali e soldati, compresi i capi dell'intelligence e dell'igiene del 2° Shock, oltre a 44 cannoni, una grande quantità di armi leggere e numerose attrezzature.

Il 12 luglio il generale Vlasov fu catturato da due ufficiali del XXVIII Corpo.

Il 25 luglio gli spagnoli intrapresero un'azione di esplorazione. Mentre scivolavano silenziosamente lungo il Volkhov e si trovavano a metà strada, un *guripa* che si trovava nella barca di testa iniziò a cantare a squarciagola Cara al Sol (Faccia al Sole). I tedeschi rabbrividirono per una tale violazione delle norme di sicurezza e si chiesero se sarebbero tornati vivi dopo un'azione con gente così spericolata.

Dopo lo sbarco, i *guripas* saltarono a terra e scivolarono verso l'interno. Con il segnale "Santiago", i tre gruppi divisionali si raggrupparono vicino alla strada, non vedendo anime e di conseguenza non fu sparato un solo colpo, dato che i russi si erano ritirati nella loro seconda linea.

Il 29 i russi risposero con un'incursione contro il monastero di Iurevo, presidiato dalla 1ª sezione della 2ª compagnia del gruppo anticarro, comandata dal capitano Oroquieta, che fallì di fronte alla dura reazione spagnola. Due giorni dopo circa trecento russi lasciarono Temerets, dopo un duro ammorbidimento dell'artiglieria nel settore di Zapole, comandato dal tenente colonnello Bolumburu, secondo in comando del 263°. Lo scontro si decise in un combattimento corpo a corpo, riuscendo a respingerli in campo aperto, dove in pieno giorno furono decimati dal fuoco di mitragliatrici e mortai, lasciando sul terreno più di cento morti, in cambio di diciannove morti e trentotto feriti spagnoli.

Prima dell'alba del 31 luglio, l'esercito sovietico iniziò uno dei suoi tentativi di sfondare a nord di Temerets, lanciandosi contro il Gruppo Robles, comandante in seconda del 262°, che aveva la curiosa particolarità di avere al suo comando una compagnia di mortai olandese del Reggimento Nederland delle Waffen SS. Questo tentativo, così come quello successivo del 3 agosto, fu respinto, causando pesanti perdite ai russi.

La battaglia di Krasny Bor

L'11 agosto, il 250° Ricognitore e il 3° del 262° iniziarono il trasferimento della Divisione Blu a bordo dei treni. Esausti ma felici per la prospettiva di imbarcarsi in una grande impresa, cantavano mentre viaggiavano a nord-ovest lungo la linea ferroviaria Novgorod-Leningrado verso Susanino. Vicino a Susanino c'era Viritsa, la città designata come base CP per la Divisione Blu.

All'arrivo delle unità, i Gruppi di Combattimento furono sciolti per tornare ai loro reggimenti originari e il 250° Ricognitore iniziò rapidamente a prepararsi per l'assalto a Leningrado.

Nel frattempo, il generale Esteban Infantes, che continuava ad annoiarsi a Berlino, insisteva per andare al fronte, ma l'OKW continuava a rifiutarlo. Scrisse una lettera a Muñoz Grandes chiedendo la sua mediazione e il 21 luglio chiese il permesso a Esteban Infantes di presentarsi a Grigorovo come secondo capo della Divisione Blu e comandante della sua fanteria, ma l'OKH rifiutò. Muñoz Grandes era però disposto ad accoglierlo nella Divisione e, se necessario, a presentarlo ai tedeschi come fatto compiuto.

Così, il 18 agosto, il maresciallo von Kürchler apprese ufficialmente che Esteban Infantes era in viaggio e sarebbe atterrato a Pskov in mattinata, essendo salito a bordo dello Junkers Ju-52 di collegamento spagnolo appena entrato in servizio, Si consultò immediatamente con l'OKW e gli fu detto dal Maresciallo Keitel che Esteban Infantes aveva lasciato Berlino senza il permesso di Hitler e che non gli sarebbe stato permesso di sostituire Muñoz Grandes o di diventare il 3° capo della 250ª Divisione, anche se avrebbe potuto assumere il comando della Fanteria.

Il generale Hansen fece rapporto al CP di Vytritza, perché sebbene gli spagnoli appartenessero ancora al 50° Corpo, presto sarebbero passati sotto il 54° e Hansen voleva conoscerli.

Secondo il piano d'attacco, la 250ª Divisione avrebbe lasciato Pushkin, insieme alla 28ª Leggera e alla 132ª Wehrmacht, per dirigersi direttamente a Leningrado e, una volta raggiunta la periferia, la Divisione Blu si sarebbe sparpagliata e avrebbe protetto i fianchi delle due divisioni tedesche mentre queste giravano verso est. Ma Meretskov attaccò il 27 agosto e il 26° Corpo del generale Wodring fu sottoposto a un pesante attacco di artiglieria e razzi durato oltre due ore, seguito da ondate di fanti che invasero e spezzarono le linee, riuscendo ad aprire un varco di otto chilometri. I russi avanzarono per due giorni, fino all'arrivo della 12ª Divisione Panzer e del 170° 30° Corpo d'armata ..... Lo slancio di Meretskov prima rallentò e poi si arrestò.

I *guripas*, come al solito, sapevano immediatamente, grazie a "radio macuto", cosa stava accadendo nel Ladoga. Von Küchler mise in allerta la Divisione Blu e il 31 agosto la inviò a nord verso Pushkin. Muñoz Grandes avrebbe avuto i suoi uomini in immediata riserva dietro la 121ª Divisione, poiché era previsto un nuovo attacco rosso, da Pushkin o da Kolpino.

Il 1° settembre arrivò l'ordine di iniziare la marcia al tramonto. Alle 21.30 il 1° e il 3° battaglione del 269° lasciarono Vytritza per Krasnogvardeiisk (Gatchina), la prima città russa che gli spagnoli videro indenne, senza subire le devastazioni della guerra. I *Guripas* iniziarono a cantare al passaggio della stazione di Viarlevo, città che mesi dopo, per gioco di parole, iniziarono a chiamare "Relay Village". Il 3 settembre tutte le unità, ad eccezione dell'artiglieria, avevano raggiunto Pushkin.

La notte del 5 settembre, il generale Hansen ordinò di estendere il fronte della Divisione Blu sulla destra e di ritirare il 2° Reggimento della Divisione SS Polizei davanti a Kolpino. Da parte loro, gli spagnoli avrebbero attraversato il fiume Izhora, percorso la strada Leningrado-Mosca e ripiegato sul terrapieno della Ferrovia d'Ottobre. Questi spostamenti, resi necessari dalla punizione subita dalle SS Polizei sulla Tosna, trasferirono alla Divisione Blu un settore eccentrico rispetto alle sue principali vie di schieramento e di rifornimento e direttamente accessibile solo da una strada pavimentata con tronchi. Era più facilmente raggiungibile attraversando l'Izhora e deviando verso sud attraverso i boschi di Sablino. Una volta lì, si poteva accedere alla strada che conduceva oltre la città di Krasny Bor, situata tra la strada e la ferrovia.

Muñoz Grandes, ritenendo che questo cambiamento sarebbe stato temporaneo, decise di mantenere il suo centro di gravità come originariamente previsto, tra Aleksandrovka e il fiume Izhora. Villalba e il 263° rimasero sulla sinistra; Rubio e il 269° al centro e Sagrado con il 262° sulla destra. Per quanto riguarda il settore aggiuntivo e separato, si decise di presidiarlo con una forza riunita per l'occasione: il Gruppo Robles, al comando dell'omonimo tenente colonnello e comandante del 2° battaglione del 262°. Come di consueto, gli spagnoli crearono le proprie riserve, disponendo di due unità in testa e una in coda. Le unità anticarro erano sparse nei settori. Infine, il comando di Muñoz Grandes fu fissato a Prokovskaia.

La Divisione Blu affrontò parte della 42ª e della 55ª Armata sovietiche. La 42ª difendeva l'area dal Golfo di Finlandia a Pushkin e la 55ª copriva l'area da Pushkin alla foce della Tosna. Il morale dei russi era molto basso e le diserzioni erano frequenti. La 72ª Divisione era un'unità di prigionieri, i cui soldati erano stati prelevati dai campi di lavoro forzato in Liberia. Tre forti concentrazioni di artiglieria difendevano gli approcci meridionali a Leningrado e gli spagnoli erano a portata di due di esse, Pulkovo e Kolpino. C'erano tredici batterie intorno a Pulkovo e non meno di quaranta nell'anello di Kolpino. Inoltre, c'erano i cannoni a lungo raggio della Flotta del Baltico e trenta batterie ferroviarie nella stessa Leningrado.

Da parte sua, l'artiglieria spagnola disponeva di nove batterie di obici medi, tre obici pesanti, più una batteria di obici Schneider da 155 mm. Di quelli catturati dai tedeschi in Francia e un'altra batteria di mortai da 220 mm. della stessa origine. Inoltre, ogni Reggimento aveva una Compagnia di accompagnamento con cinque obici da 75 mm. e due obici da 50 mm.

I russi scoprirono presto di avere di fronte gli spagnoli e i loro altoparlanti di propaganda sostituirono rapidamente le canzoni tedesche con nientemeno che "Ramona" e decisero di metterli alla prova lungo il percorso. Così, verso le dieci della notte del 13 settembre, una pioggia di proiettili di mortaio colpì la 1ª 262ª e, mentre estendevano il fuoco, una massa di russi emerse dall'oscurità, ma, presi da un pesante fuoco incrociato prima che riuscissero ad attraversare il filo spinato, si dispersero e ripiegarono, lasciandosi dietro morti e feriti. Contemporaneamente altre due compagnie caddero sulla 3ª 262ª a Krasny Bor. Il Gruppo Robles aveva a disposizione solo filo leggero e mine. I rossi si precipitarono sulle sentinelle e sulle trincee della 9ª e 10ª Compagnia. Un centinaio di loro iniziò a farsi strada nel labirinto della posizione della 9ª e altrettanti fecero lo stesso nella rete della 10ª. I sovietici, come al solito, si fermarono a saccheggiare, ma i capitani Pardo e Portoles, alla testa delle loro compagnie, avanzarono attraverso le gallerie buie e cominciarono a lanciare nella notte bombe a mano, baionette e pale da trincea. Pardo fu ferito e rifiutò di essere evacuato e Portoles, pistola alla mano, avanzò inarrestabilmente. Improvvisamente fu tutto finito, i *rudos* stavano fuggendo in massa, ma il 3° Artiglieria aprì il fuoco dall'Ishora e li colse allo scoperto facendo una strage. Le perdite di Portolés furono di due morti e dodici feriti. I russi lasciarono quattordici morti e un ferito grave nelle gallerie, oltre a un numero imprecisato di morti e feriti che gemevano nella terra di nessuno.

Il 17 settembre Cuesta si congedò dal 250° Ricognitore e partì per Viarlevo (Villa Relay) per assumere il comando del 17° Battaglione di Ritorno al suo ritorno in Spagna. Lì fu raggiunto dall'eroe di Posad, il maggiore Tomás García Rebull.

Muñoz Grandes, che già dubitava che von Manstein avesse ancora forze sufficienti per Luz del Norte, cercò di migliorare la sua posizione difensiva prima di consegnare la Divisione a Esteban Infantes, proponendo di eliminare il saliente di Iam Ishora, e così il 29 settembre chiese al 54° Corpo l'autorizzazione ad attaccare Putrolovo e Iam Ishora.

Il generale Hansen era riluttante a farlo, perché avrebbe potuto allertare i russi sulla Luce del Nord, ignaro che l'operazione era già in dirittura d'arrivo. L'intuizione di Muñiz Grandes si era rivelata vera.

Il 12 ottobre, festa della Virgen del Pilar, la maggior parte della Compagnia Portolés si era ritirata nelle retrovie per riunirsi intorno alla cucina da campo arrivata da Krasny Bor per fare colazione, dato che la situazione era relativamente tranquilla. Improvvisamente una pioggia di cannoni e mortai si abbatté sulle posizioni. Gettando a terra i piatti della colazione, i *guripa* cercarono di mettersi al riparo, ma prima che potessero reagire furono colpiti da tutti i lati da colpi di fucile, mitragliatrici e bombardamenti. Un battaglione del 130° reggimento russo aveva lanciato un attacco. Le grida di Urrah, Urrah, Ispankii Kaput! si mescolavano a quelle di ¡Arriba España! Era una situazione difficile, ma gli spagnoli riuscirono a scacciare i russi dalle trincee e a braccarli nella terra di nessuno. Il contrattacco stava prendendo piede e Portolés e Arredondo guidarono un gruppo che andò in aiuto di due *guripas* che erano caduti feriti a un paio di centinaia di metri dalle trincee russe, ma quando li raggiunsero si ritrovarono senza munizioni. Arredondo cominciò allora a lanciare zolle di terra su di loro come se fossero bombe a mano. Un ufficiale russo si alzò e sorrise, passandosi l'indice intorno alla gola mentre iniziava a lanciarle con il suo PPHS. Arredondo balzò in piedi con il suo machete e si lanciò contro l'ufficiale rosso, ma cadde quando era in aria. Fortunatamente, la pattuglia di Portolés arrivò e soccorse il ferito. Al ritorno alle loro posizioni, i *guripas* recitarono una preghiera silenziosa alla Virgen del Pilar, patrona di tutti gli spagnoli.

Il mattino seguente il maresciallo von Manstein fece la sua apparizione a Pokrovskaia e fu ricevuto con tutti gli onori dal generale Muñoz Grandes. Il maggiore Collatz, capo del distaccamento di collegamento, ha tradotto il saluto del generale e poi Muñoz Grandes ha presentato il generale Esteban Infantes, il colonnello Salazar, suo capo di stato maggiore, il suo capo delle operazioni, maggiore Andino, e il capitano Alemany, suo capo delle informazioni. Muñoz Grandes portò quindi il Maresciallo e il Maggiore Collatz nel suo ufficio per una lunga conversazione, gustando caffè, cognac e sigari dell'Avana, tutti prodotti quasi impossibili da ottenere in Germania.

Mentre la conversazione si svolgeva, il generale Esteban Infantes e il suo staff si muovevano nervosamente negli uffici.

Dopo la conversazione, von Manstein si congratulò con Muñoz Grandes per lo splendido spirito dei suoi uomini, testimoniato dall'eroico comportamento di Portolés il giorno prima, poiché era stato dimostrato che i morti russi erano più di cento, troppi per un semplice punteggio. Esteban Infantes e gli altri furono poi chiamati per la foto di rito e von Manstein ripartì per Rozhdestveno.

Il 28 ottobre la Divisione Blu era pronta con una forza massima di 14.626 uomini e due battaglioni di marcia erano in arrivo. Il giorno seguente l'11ª Armata classificò la 250ª Divisione come Divisione d'attacco.

L'invasione alleata del Nord Africa iniziò l'8 novembre e tre giorni dopo, il 19, la Wehrmacht occupò la Francia di Vichy e l'isola di Corsica. Il giorno seguente, il generale Franco ordinò la mobilitazione delle quinte forze del 1941 e del 1942, prevedendo di aumentare la forza dell'esercito a 750.000 uomini. Tre giorni dopo, l'ambasciata di Berlino comunicò l'intenzione di Hitler di chiedere il passaggio attraverso la Spagna. Di conseguenza, Franco convocò una riunione del suo gabinetto e dopo una lunga discussione fu deciso che il governo spagnolo avrebbe respinto la richiesta. Il giorno successivo fu decretata una mobilitazione parziale.

Visti i nuovi problemi che avrebbe dovuto affrontare, Hitler riteneva che il ritorno di Muñoz Grandes a Madrid fosse ormai imperativo.

Il 2 dicembre, il conte di Mayalde, ambasciatore a Berlino, e il suo vice Vidal si recarono alla Tana del Lupo: Mayalde per congedarsi da Hitler e Vidal per consegnargli le lettere credenziali. Inoltre, Vidal era stato incaricato da Franco di richiedere la restituzione di Muñoz Grandes e di chiedere la consegna di armi, artiglieria e aerei.

Deciso a recarsi a Madrid, Muñoz Grandes visitò Hitler e poi volò a Berlino, dove fece visita al nuovo ambasciatore spagnolo. Il 12 dicembre 1942, al generale Muñoz Grandes fu ordinato di tornare in Spagna, nonostante la significativa opposizione tedesca alla sua partenza. Due giorni dopo, Adolf Hitler impose le Foglie di Quercia alla sua Croce di Cavaliere dell'Ordine della Croce di Ferro, che già deteneva. Il comando passò all'allora comandante in seconda della Divisione, il generale Emilio Esteban Infantes Martín.

Nonostante i suoi desideri, al suo arrivo a Madrid fu accolto con entusiasmo da migliaia di persone acclamanti. Nei tre giorni successivi fu promosso tenente generale.

A Capodanno, Franco lo invitò a cena con il ministro dell'Esercito, il generale Asensio, dopo il quale ebbero una lunga conversazione sugli ultimi sviluppi.

Nel frattempo, in Russia, il Natale 1942 si presentava nero e minaccioso, anche se il generale Esteban Infantes, ormai più abituato alla situazione, decise di attaccare e Andino e Robles pianificarono l'operazione.

Mercoledì 29 dicembre 1942, alle 13.25, si scatenò l'inferno: le batterie su tutti e tre i lati del saliente iniziarono a sparare. Più di cinquecento proiettili caddero in cinque minuti sulle posizioni russe. Poi il fuoco fu esteso e all'ordine "All'assalto" la 6ª Compagnia raggiunse il filo spinato nemico, dove i genieri avevano già aperto corridoi e segnato i campi minati. I sovietici reagirono debolmente, i gruppi ingaggiarono un combattimento corpo a corpo mentre i genieri demolivano i rifugi con cariche esplosive e i russi cominciavano a fuggire a gambe levate. Un razzo verde e bianco segnalava la posizione occupata. Gli ufficiali e i sergenti chiamarono i loro uomini a tornare alla loro posizione, ma questi erano riluttanti e con la febbre da combattimento volevano continuare verso Kalinin. Poi un altro razzo arancione diede l'ordine "Missione compiuta, ritirata" e i *guripa* cominciarono a ripiegare sulle proprie linee, carichi di bottino ed esausti. L'intera azione era durata 40 minuti: dodici forti e tre nidi di mitragliatrici erano stati distrutti e sessanta russi erano morti, il tutto in cambio di sei morti e diciannove feriti *guripas*. Un'operazione pulita e perfetta.

▲ Istruzione di una squadra di genieri, in navigazione su un fiume e su un gommone, con una mitragliatrice leggera MG34 e un'asta per esplosivi. (BVD)

▲ Ritratto di un soldato d'artiglieria della sezione mortai del 259° reggimento d'artiglieria della Divisione Blu (BVD).

▲ Ritratto di un gruppo di divisionari accanto a un cannone FH 18 da 150 mm (BVD).

▼ Posizione di tiro della mitragliatrice MG 34 (BVD).

▲ Fotografia del generale Lindman che viene ricevuto al quartier generale della DA a Pokrowskaja, ottobre '43 (BVD).

▼ Fotografia della banda di tamburi della DA a Grigorowo, primavera del '42 (BVD).

▲ *Obergefreiter* Roberto Mericaechevarría Alcorta in uniforme *oberschütze* con croce di ferro, con in mano una mitragliatrice MP 40.

▲ Il generale Esteban Infantes passa in rassegna i soldati spagnoli vestiti in mimetica invernale (NEG).

▼ Visita del generale Kleffel all'unità spagnola nel 1943 (NEG).

▲ Visita del generale Kleffel alla DA. Si vede il capo dell'unità spagnola Emilio Esteban Infantes. (NEG)

▼ Questo incontro tra i capi della DA e il generale tedesco Kleffel ebbe luogo il 14 settembre 1943. (NEG)

▲ Novgorov e Staraja Russa sono città impresse nella storia dei soldati spagnoli sul fronte orientale (NEG).

▲ Un'isba russa che brucia nel paesaggio innevato (NEG).

▼ La dura missione di alcuni soldati alle prese con i caduti nei combattimenti (NEG).

▲ Gli artiglieri spagnoli si preparano al prossimo colpo (NEG).

▲ Soldati spagnoli posano per la macchina fotografica (NEG).

▼ Un gruppo di soldati DA in tenuta mimetica avanza in territorio russo (NEG).

▲ Ufficiali preparano la prossima mossa della loro unità sul fronte orientale (JAC).

▼ Un soldato spagnolo porta una scatola "dono del Caudillo Francisco Franco" per la DA (JAC).

▲ Fotografia del capitano Urbano Gómez García (BVD). In alto a sinistra si nota lo scudo con i colori della bandiera spagnola e la parola "Spagna" nella parte superiore utilizzato dagli uomini della DEV e da quelli della LEV sulla manica destra dell'uniforme. Gli spagnoli che continuarono a combattere dopo il ritorno della LEV in Spagna mantennero spesso questo emblema, anche se sulla manica sinistra, come era consuetudine nelle Waffen SS. Pubblico dominio.

▲ Un soldato spagnolo in posa sorridente accanto a un cannone in mimetica invernale (NEG).

▼ Diversi connazionali sovietici posano per la macchina fotografica (NEG).

Al mattino arrivò il nuovo capo del distaccamento di collegamento, il tenente colonnello Wilhelm Knüppel. I sovietici lanciarono l'Operazione Iskra, per liberare Leningrado dall'accerchiamento, la mattina del 12 gennaio 1943. Più di 4.500 cannoni, granate, mortai e lanciarazzi fecero a pezzi le difese tedesche. Le ondate di fuoco cominciarono ad avanzare e Lindemann fu costretto a gettare le sue riserve, ma i russi continuarono a mantenere il terreno conquistato. Il 16 gennaio, la 18ª Armata era in condizioni disperate e a Lindemann non restava che uno stretto corridoio. Un corridoio largo un chilometro collegava Sinevin alle rive del lago Ladoga. La Divisione SS Polizei fu ritirata e la 250ª fu costretta a virare a destra; il confine spagnolo sarebbe stato a tre chilometri dalla Ferrovia d'Ottobre al fiume Bol Izhorka, il che significava che il settore di Krasny Bor sarebbe stato esteso fino a includere il terrapieno della ferrovia Mosca-Leningrado e metà della palude tra il terrapieno e il fiume Tosna, per un totale di cinque chilometri di nuova linea del fronte.

Esteban Infantes ordinò che l'intero settore orientale fosse posto sotto il comando del colonnello Sagrado. Soppresse il Gruppo Robles, che sarebbe presto tornato in Spagna, e assegnò il 262° al 250° Battaglione di Riserva Mobile, alla Compagnia Sciatori e alla 2ª Compagnia di Carri Armati Divisionari. Questo settore comprendeva l'area da Iam Izhora al fiume Tozna. Il maggiore Castro e il suo 1° del 262° sostituirono i tedeschi sulla ferrovia di ottobre e nella torbiera a est, mentre la 9ª batteria si unì al 1° gruppo del maggiore Reinhlein, il colonnello Sagrado spostò il suo CP da Fedorovskoii a Krasny Bor e il 2° del 269°, al comando del Capitano Patiño, aveva lasciato le sue posizioni e si era spostata nel villaggio di Pavlovsk, dove era tenuta come riserva, ma pochi giorni dopo fu spostata come riserva del Corpo d'Armata a Sablino, dove arrivò la mattina del 17 gennaio 1943. Quattro giorni dopo, il 21, il 2° del 269° marciò in camion verso Mga e Kelkolovo, dove Patiño fece rapporto al generale Werner Hühner della 61ª Divisione, ricevendo l'ordine di attaccarsi a Sinvino al 162° Reggimento Granatieri comandato dal colonnello Vehrenkamp.

Sinevin era in rovina. Carichi di tutto il loro equipaggiamento, gli spagnoli attraversarono le strade in rovina e si addentrarono nella foresta alla ricerca del 162° Granatieri. Non appena trovarono i tedeschi esausti, ricevettero la notizia che i russi avevano attraversato la Kornaia e si stavano infiltrando a sud. Con una notizia così allegra, i *guripas* salutarono e continuarono la loro marcia.

Dopo aver individuato il colonnello Vehrenkamp e aver avanzato attraverso la boscaglia, il capitano Patiño si ricongiunse finalmente al suo battaglione e convocò una riunione degli ufficiali per informarli che il 2° del 269° si trovava nel mezzo di un varco nelle linee tedesche. Erano in prima linea!

Nonostante il terreno sconosciuto e l'oscurità prevalente, Patiño ordinò lo schieramento e la 2ª della 269ª si dispose a ventaglio, cercando a sinistra il 176° Granatieri e a destra il 366°. Mentre le pattuglie esploravano i fianchi, il capitano Müller portò la 6ª Compagnia a sinistra, il tenente Acosta si posizionò a cavallo e a est della barriera tagliafuoco e infine il capitano Massip portò la 7ª Compagnia a destra, mentre il capitano Olmedo distribuì i suoi pezzi: una sezione di mitragliatrici a ciascuna delle Compagnie e i mortai dell'81ª vicino alla strada, tra la 5ª e la 6ª Compagnia.

Non c'erano fortificazioni. I *guripa* iniziarono a raccogliere legna e rami, accatastandoli su parapetti rivolti a nord e coprendoli con la neve. Tuttavia, i russi infiltrati iniziarono presto l'assalto da sud. Non lontano dalla strada e dietro la 5ª Compagnia, furono posizionati sei fortini poco profondi, nei quali si posizionarono il Pater e i medici, che si diedero presto da fare, dato che il flusso iniziale di feriti si trasformò in un torrente con l'avvicinarsi dell'alba. Alle sei del mattino, l'11ª e la 71ª Divisione sovietica aprirono il fuoco con tutto ciò che avevano: cannoni, obici, lanciarazzi, pezzi anticarro e mortai; il tremendo fuoco, durato due ore e mezza, si abbatté sui Granatieri della 2ª 269ª e 366ª Wehrmacht.

I rifugi di neve improvvisati furono fatti saltare quasi subito. All'alba, verso le nove, le posizioni di Müller e Acosta erano chiaramente in vista e quella di Massip, più avanti e in terreno aperto, era completamente esposta. I russi, protetti da una copertura, presero direttamente la mira e un colpo anticarro colpì gli spagnoli, causando morte e mutilazioni. Non potendo più resistere, Müller e Acosta condussero i loro uomini in un rifugio nella foresta. I russi iniziarono l'attacco lanciando diversi reggimenti di fanteria, ma gli spagnoli della 5ª e della 6ª Compagnia resistettero, ma più e più volte contrattaccarono: bombardando, attaccando, ritirandosi e così via per tutto il giorno. Verso mezzogiorno erano caduti più di cento soldati e una mezza dozzina di ufficiali. I feriti, dopo le cure d'emergenza, tornarono ai loro posti di combattimento o furono inviati nelle retrovie su slitte.

Massip era arrivato a collegarsi con Wengler e i suoi Westfaliani poco prima dell'alba ed era supportato da due mitragliatrici con i loro equipaggi per completare la sezione del guardiamarina Casas dell'8ª compagnia, ma non era abbastanza forte per coprire l'intero settore. Massip fece tutto il possibile e organizzò le sue difese in isolotti, alla maniera spagnola. L'artiglieria sovietica fece un tributo enorme. Massip fu ferito da schegge in fronte, ma lo ignorò e continuò a scivolare da un pozzo all'altro, incitando i suoi uomini. All'alba di venerdì, mentre Massip faceva il suo giro, un reggimento rosso uscì allo scoperto gridando "Urrah, Urrah" e poi le mitragliatrici spagnole iniziarono a cantare. I cadaveri russi si ammucchiarono davanti al fragile fronte spagnolo, ma questi continuarono a tentare ancora e ancora, riuscendo a isolare la 7ª Compagnia. Un mitragliere si accasciò morto e Massip si sedette in sella e aprì il fuoco, ma un proiettile lo colpì all'occhio sinistro, ma continuò a sparare mentre una poltiglia sanguinolenta gli scivolava lungo la guancia e si bloccava. I *guripas* gridarono: "Stai indietro, mio capitano", ma lui si rifiutò. Un medico gli mise una benda sul viso e continuò a sparare, ma un altro colpo lo colpì alla gamba destra. I suoi uomini gridarono di nuovo: "Indietro, mio capitano", ma lui scosse la testa negativamente. Non riuscendo a camminare, strisciò lungo la linea. La Seconda Sezione era scomparsa, fatta a pezzi durante l'ultimo bombardamento. Abrain e Casas erano morti, così come cinque dei mitraglieri tedeschi, ma Alemany stava cercando di colmare le lacune della linea dispiegando le mitragliatrici rimaste.

I russi erano più lenti ad arrivare ora, piccoli gruppi si insinuavano nella radura, ma non c'erano più assalti di massa. Arrivò la notte e l'avanzata nemica era a soli venti metri di distanza e rimanevano solo pochi colpi. Dolorosamente in piedi, Massip tirò la spoletta della sua ultima granata e fu ucciso mentre la lanciava, mentre una raffica lo colpiva in pieno, gridando il suo ultimo ordine: "Fissate le baionette".

Al comando di Patiño giungevano notizie e i feriti sussurravano tra loro che la 7ª Compagnia stava ancora resistendo. Ma Verheinkamp ordinò un contrattacco, così, formando un cuneo con i duecento *guripas* rimasti, Patiño li guidò nell'attacco di mezzanotte e ne seguì un feroce corpo a corpo, con la 5ª e la 6ª Compagnia che riconquistarono le loro posizioni.

All'alba di sabato 23 gennaio, il contatto con gli uomini di Massip era stato ristabilito. La 7ª Compagnia resisteva ancora, ma Wengler, trovandosi in difficoltà, ordinò loro di ritirarsi. Portando con sé le armi, i feriti e il corpo del capitano Massip coperto da una coperta, i *guripa* superstiti si misero in riserva immediata dietro il 336° Granatieri.

La domenica iniziò come un giorno di riposo. Tuttavia, i sovietici si erano rinforzati con la 349ª Divisione di fanteria per puntellare le malconce 11ª e 71ª Divisione. Fortunatamente, il tenente Soriano si era fatto vivo e, quando Verheinkamp chiese trenta uomini per ristabilire la linea, Soriano guidò la sua sezione, la 6ª compagnia, nella breccia.

Lunedì è toccato a Patiño operare con una sezione ed è rimasto ferito. Il salasso continua. Il 26, un colpo diretto al posto di comando ferì 6 ufficiali, un sergente e cinque *guripas*. E così andò avanti per altri tre giorni. Finalmente, sabato 30 gennaio, giunse l'ordine di dare il cambio. Alle 8.30, il 2° del 269° si è formato e ha lasciato i tetri boschi di Sinvino. I *guripas* salirono su un camion solitario, poiché c'era molto spazio. Quando finalmente raggiunsero la loro destinazione, Paolovsk, arrivarono solo un ufficiale, sei sergenti e venti guerriglieri, portando il totale delle perdite subite nella Seconda battaglia del lago Ladoga a 124 morti, 211 feriti, 92 dispersi, 66 congelati e 12 malati.

Il maresciallo von Küchler arrivò al quartier generale della 50ª Armata a Taitsy il 6 febbraio, perché era sicuro che la 51ª Armata Rossa avrebbe attaccato le sottili linee spagnole con una pesante preparazione di artiglieria, come aveva fatto nel Lago Ladoga meridionale, e poi sarebbe penetrata nelle difese con i suoi carri armati e la fanteria. Poi, pessimisticamente, partì per Pokrovskaia. Da parte sua, il generale Esteban Infantes era fiducioso, ma ciò che si prospettava non era rassicurante. In un comunicato ai comandanti di settore, ordinò che tutti i cannoni antiaerei, tranne quelli sugli isolotti, fossero rimossi dalla prima linea e collocati nelle immediate retrovie. Ogni Compagnia doveva inoltre ritirare quattro nuove mitragliatrici, preferibilmente pesanti, poiché prevedeva che la concentrazione di artiglieria si sarebbe concentrata sulla linea del fronte e voleva risparmiare il più possibile per essere in grado di rispondere adeguatamente al prossimo assalto.

Kleffel ordinò a Esteban Infantes di inviare i genieri, le unità anticarro e l'11ª batteria nel settore Sagrado. Ordinò inoltre di trasferire il suo comando da Novolisino a sud-est di Krasny Bor, e di far ripiegare la Divisione SS Polizei tra la 250ª Divisione e la 5ª Divisione da Montagna, che, sebbene duramente colpita, continuava a resistere.

Il concentramento a Krasny Bor continuò. L'arrivo delle batterie supplementari richiedeva un comandante più anziano, per cui Bandin nominò Santos, il suo vice, che assunse il comando del 1° Gruppo Reinlhein e della

9ª e 11ª batteria. Quando arrivarono i pezzi da 150 mm, i 105 mm avanzarono individualmente in una linea di supporto, dove poterono sparare direttamente contro i russi.

Le voci sull'offensiva russa erano vere e così il 9 febbraio i sovietici procedettero a far saltare i propri campi minati di fronte a Krasny Bor e poi, a piccoli gruppi, si misero a rimuovere quelli non esplosi. Bandin ordinò di aprire il fuoco e l'artiglieria spagnola iniziò a bombardare Kolpino, senza che i rossi si degnassero di rispondere. Al tramonto il fronte era tranquillo, ad eccezione del fuoco dell'artiglieria spagnola a Kolpino. Quando il capitano Oroquieta era appena entrato nella sua postazione, irruppe il tenente Bleza, delle Trasmissioni, un vecchio amico che non vedeva dai tempi della guerra civile. Arrivò accompagnato da quattro tecnici tedeschi che trasportavano apparecchiature di intercettazione telefonica in grado di ascoltare le comunicazioni russe, che poi sistemarono vicino agli avamposti sovietici. Ben presto iniziarono a usare la radio della 2ª Compagnia per riferire le loro scoperte al Quartier Generale della Divisione.

Tornato a Prokovskaia, il tenente Alemany fece un resoconto delle informazioni ottenute. Le dichiarazioni dei prigionieri, i test dell'artiglieria, lo scoppio delle mine e i messaggi telefonici ora intercettati rendevano chiaro che l'attacco russo a Krasny Bor sarebbe iniziato il giorno successivo.

Di conseguenza, le unità furono avvertite affinché si preparassero a ciò che sarebbe accaduto domani. A mezzanotte, Pater Pumariño si presentò al forte di Oroquieta, che, come la maggior parte dei suoi centonovantasei *guripas*, si confessò e fece la comunione e poi ripartì per le proprie postazioni per dormire un po'. Verso le 2 del mattino lo squillo del telefono svegliò Oroquieta: era Ulzurrun, reduce da una ricognizione in cui aveva sorpreso una pattuglia russa che stava tagliando i cavi di comunicazione, uccidendone alcuni e catturando il tenente che la comandava, che era restio a parlare.

Il capitano Palacios non riuscì a trattenere la rabbia, poiché i deflagratori e i detonatori per le bombe a mano e le mine non erano ancora arrivati.

All'alba il cielo era sereno e non si vedeva nulla davanti a noi, ma i telescopi degli osservatori di artiglieria scoprirono tredici KV-1 e T-34 che avanzavano verso le posizioni della 5ª e 6ª Compagnia. I sergenti e i caporali impartirono l'ordine: "Tutti ai fortini, tranne quelli in postazione". Al capolinea, la 1ª Compagnia del capitano Losada prese in mano la situazione mentre osservava freddamente quaranta carri armati russi che arrivavano da Kolpino per prendere posizione su entrambi i lati della ferrovia d'ottobre. Improvvisamente, dalle linee sovietiche si sprigionò nel cielo un razzo rosso. Erano le 6.45 del 10 febbraio 1943 e ottocento idranti cominciarono a sputare fuoco sulle linee del colonnello Sagrado. La terra tremò e si scosse. I cavalli frisoni, con il filo spinato appeso, volavano in aria e si creava un paesaggio lunare. L'artiglieria spagnola rispondeva con tutta la velocità possibile, così come le batterie tedesche, ma erano in tremenda inferiorità numerica. I sergenti circolavano tra i *guripas* incitandoli e distribuendo brandy, perché faceva un freddo cane: meno 30 gradi.

Le perdite erano ancora basse nella 3ª Compagnia. Huidobro arrivò dal posto di osservazione anticarro, perché sebbene il collegamento telefonico con il Comandante Castro fosse stato interrotto, aveva ancora una linea con le batterie. Aveva appena chiamato il fuoco dell'artiglieria quando i rossi cominciarono ad ammassarsi davanti alle posizioni dei capitani Iglesia e Palacio. Iglesia era morto.

Sudando nonostante il freddo pungente, gli artiglieri del 1° Gruppo caricavano e sparavano a un ritmo incredibile. Nessuno pensava di riposare. Appoggiato al tavolo del posto di comando, Reinlhein tese le orecchie per captare i messaggi provenienti dagli osservatori avanzati, perché sebbene la maggior parte delle linee telefoniche fosse stata distrutta, alcune radio trasmettevano ancora. Dietro Reinlhein, vicino all'ingresso, c'erano il tenente colonnello Santos e il suo staff. All'improvviso ci fu un'esplosione assordante: Santos, un capitano e tre tenenti caddero, crivellati dalle schegge della granata rossa.

La 1ª e la 2ª compagnia, al "Panzer Peak", chiedevano disperatamente il supporto dell'artiglieria, ma alcune delle granate di Reinlhein erano andate in frantumi. I parapetti di Losada e Muñoz si erano disintegrati al primo colpo di martello.

Huidobro si mise a recuperare gli uomini in ritirata, molti dei quali erano feriti e altri disarmati, ma tutti offuscati. Li smistò e mandò i feriti leggeri nelle trincee lungo il pendio. Alcuni si rifiutarono di fermarsi, soldati grezzi o "Mortadelle" che fuggivano per mettersi in salvo.

Il generale Esteban Infantes aveva passato la notte in bianco. I boati dell'artiglieria russa si diffondevano verso sud, scintillando nelle finestre buie del palazzo. Poco dopo le 6.45, il capitano Calvo chiamò dal 3° del 262° per confermare l'intensità del cannoneggiamento. Il Generale, seduto alla sua scrivania, ascoltò. Passò un'ora e l'ufficio continuava a riverberare il rullo di fuoco dell'artiglieria rossa.

Verso le 8 del mattino, il sonar sembrò cambiare. Esteban Infantes era convinto che l'attacco principale fosse diretto a Krasny Bor. Il generale chiamò un'auto e partì per l'avamposto di osservazione di Raikolovo, seguito da un'auto di scorta. Quando si avvicinarono a Pavlovsk, una cortina di fuoco coprì la strada, così dovettero svoltare in direzione di Antropshino, da dove una strada secondaria conduceva a Fedorovskii, Raikolovo e Antropshino, quest'ultima sembrava essere in fiamme. Per ridurre le possibilità di ulteriori perdite causate dall'artiglieria russa, le sezioni dei plotoni hanno iniziato a scivolare verso est in direzione del quartier generale provvisorio della divisione.

Sfondando, il generale raggiunse Raikolovo, dove un ospedale avanzato stava bruciando e molti dei suoi pazienti avevano ricevuto nuove ferite. Esteban Infantes ordinò al personale dell'ospedale di spostarsi a sud verso il Ladoga, poi tornò al suo centro di raccolta temporaneo.

Il colonnello Sagrado ha telefonato con rapporti tutt'altro che rassicuranti. Il suo comando veniva colpito regolarmente. Santos era morto e Reinlhein era al suo posto, ordinando a tutte le batterie di azzerare il fuoco contro una mezza dozzina di carri armati russi che avevano superato la sua fanteria e stavano facendo irruzione nella zona settentrionale di Krasny Bor. Non c'erano notizie da Izhora, ma si sapeva che Ulzurrun era stato ucciso mentre guidava un ultimo, inutile contrattacco. Miranda stava disperatamente cercando di colmare il vuoto in cui si trovava la 2ª compagnia. Il comando del 2° battaglione era quasi circondato e Payerás stava morendo. Di Castro si sapeva poco, ma la fanteria e i corazzati russi stavano avanzando verso il "Panzer Peak". Alcune sacche resistevano ancora sulla linea del fronte. Gli osservatori avanzati distinguevano quattro isolotti: Oroquieta sulla strada Mosca-Leningrado; Campos ed elementi della 6ª, 7ª e 8ª Compagnia, insieme alla 2ª anticarro, su "El Bastión"; Aramburu con il 3° genieri sulla strada dietro "El Bastión" e Palacios e Huidobro lungo il terrapieno. Così, gli spagnoli si aggrappavano alle alture su tutti i lati, formando isole di resistenza in un mare rosso emergente. Le notizie erano confuse. La seconda linea stava tenendo e tre nuovi isolotti, presidiati principalmente dal 2° Squadrone, stavano ora appoggiando i quattro rimanenti nella vecchia linea di resistenza principale. Il capitano Cantalapiedra aveva piazzato i suoi cannoni anticarro davanti alla 1ª batteria del capitano Andres ed era riuscito a distruggere quattro carri armati a bruciapelo. Il colonnello Sagrado informò il generale Esteban Infantes di questo momentaneo successo, ma il generale era sicuro che l'orda rossa sarebbe tornata più forte di prima, spazzando via i difensori. Quasi disperato, pensava che tutto fosse perduto e sperava che Heckel potesse arrivare in tempo con il 390° Granatieri per evitare il massacro.

La 55ª Armata Rossa non si arrese e poco dopo alcuni carri armati e la fanteria travolsero il comando di Payeras e il posto di osservazione avanzato di Butler, riuscendo a penetrare a Krasny Bor. Evitando i punti di forza, si diressero direttamente verso il posto di comando del colonnello Sacred. Messo all'angolo, Sacred guidò personalmente un contrattacco. Saltando dal posto di comando dei genieri, a circa duecento metri di fronte al comando del reggimento, riuscirono a respingere i russi per circa cinquecento metri oltre le postazioni della 1ª batteria, riuscendo nel frattempo a liberare alcuni prigionieri spagnoli, ma le posizioni precedentemente riconquistate dal 2° Squadrone erano andate perse. Il capitano Andujar era caduto con i suoi cavalieri. I fanti russi, che si stavano infiltrando tra le sacche, lo hanno colpito con la baionetta, dandolo per morto, ma quando il contrattacco è arrivato alla sua altezza, si è faticosamente rimesso in piedi e si è unito a loro.

Il colonnello Sagrado chiamò il maggiore Reinlhein del 1° Gruppo e il maggiore Bellod del 250° genieri. Esausto e offuscato, il colonnello decise di lasciare a entrambi il comando diretto. Reinlhein si sarebbe occupato del settore dalla strada Mosca-Leningrado a via Sovietskii, e Bellod della strada principale a est fino a Popovka. Sagrado informò entrambi che un reggimento tedesco stava arrivando da Sablino e che i contatti con Raikolovo erano stati interrotti. Doveva marciare verso le retrovie per cercare di telefonare al generale Esteban Infantes. Il colonnello partì per la 2ª batteria e, arrivato all'insediamento dei suoi pezzi Schneider da 155 mm (provenienti da quelli catturati dalla Wehrmacht in Francia), scoprì che anche gli artiglieri avevano perso le comunicazioni, così decise di provare con la polveriera nel bosco dietro Krasny Bor. Nel frattempo, la difesa continuava, ma senza il colonnello…

Reinlhein e Bellod presero immediatamente il comando. Ritirando i loro elementi avanzati di un centinaio di metri, stabilirono una nuova linea lungo le alture che si estendevano appena a nord del centro della città. Sulla sinistra Reinlhein mise insieme ciò che restava del 2° Squadrone, le disorientate 5ª e 6ª Compagnia, i *guripas* perduti del 250° Battaglione di Riserva e gli anticarro senza comando. L'unica unità intatta che aveva era la sezione d'assalto del maggiore La Cruz, ma era da qualche parte a ovest.

Bellod, basando le sue difese su ciò che restava della 1ª e 2ª Compagnia genieri, e aiutato dal comandante Castro, che era riuscito a fuggire, dal capitano Rodrigo e dal tenente Frago, creò una linea a est. Pesanti combattimenti erano scoppiati intorno al ponte ferroviario vicino alla strada Stepanonka-Chernyshevo-Nikolsloie, dove era stato colpito Manjon, ma era necessario un supporto. Raccogliendo gli uomini in ritirata della 1ª 262ª, il 3º Squadrone e gli artiglieri riuscirono a consolidare un fronte che andava dalla 2ª Batteria di Butler, di fronte al forte di Bellod, attraverso la ferrovia d'ottobre, e proseguiva oltre la stazione di Popovka. Lì, il capitano Lopez, i cui pezzi da 150 mm. dell'11ª batteria stavano ancora tirando, ingrossò i suoi ranghi con gli sconcertati *guripas* che passavano di lì. Una compagnia di difesa perimetrale della 138ª Unità di artiglieria della Wehrmacht, comandata dal tenente Loppel, rafforzò il suo comando assumendo la difesa della stazione di Popovka.

I russi continuarono a premere, ma i loro attacchi mancavano della verve precedente. Dopo aver controllato i suoi nuovi dispositivi, Reinlein iniziò a contattare via radio tutti gli isolotti rimasti nel settore occidentale. Alle undici parlò con il 3º genieri e Aramburu gli disse che un nuovo attaco era stato appena respinto. I genieri d'assalto sulla strada del Bastione, così come i loro compagni sul Krasny Bor, avevano visto il fuoco di sbarramento dell'artiglieria alle 9.30. L'attacco era stato appena respinto. Quindici minuti dopo, mentre Campos cedeva, due carri armati e un gran numero di fanti russi si precipitarono sul fianco di Aramburu. Un KV-1 rimase bloccato in un campo minato, che era stato piazzato la notte precedente, ed esplose, così l'altro si ritirò. Ci fu poi una pausa durante la quale Campos e Arozarena, con ciò che restava della 6ª, 7ª e 8ª Compagnia a El Bastión, riuscirono a prendere contatto con Aramburu. Approfittando della tregua sovietica, vennero piazzate altre mine, soprattutto sui fianchi, ma ne erano rimaste poche da piazzare sulla strada, così Aramburu ordinò di disperdere lì le sue casse vuote, sperando che questo servisse a deviare i carri armati in arrivo da Iam Izhora, dove Oroquieta resisteva ancora.

Le mitragliatrici de "La Tía Bernarda" erano riuscite a decimare il 133º Reggimento quando aveva attaccato le posizioni del capitano Ulzurrún e non appena questi indietreggiò un plotone lanciò un contrattacco. Ulzurrún girava intorno a ciò che restava dei bastioni incitando i suoi uomini al grido falangista di ¡Arriba España e a quello legionario di ¡Viva la Muerte! ma un proiettile lo colpì alla spalla, così, tenendosi il braccio paralizzato con l'altra mano, lo mise in tasca, sperando che il freddo chiudesse la ferita e fermasse l'emorragia. Improvvisamente arrivarono strisciando venti *guripas* della riserva del settore: erano i superstiti della 1ª Compagnia, che Miranda, sebbene ferito, aveva guidato in due contrattacchi per fermare il 133º Reggimento e il 14º Reggimento che lo seguivano, ma Miranda era stato ucciso durante il suo secondo contrattacco. Questi reggimenti iniziarono quindi una virata verso l'Izhora, dove subirono un devastante attacco con bombe a mano da parte del plotone di genieri d'assalto del tenente Caraballo, che fece virare i russi verso gli obici da 150 mm della 13ª Compagnia comandata dal capitano Díez Miranda, che difese le sue posizioni fino all'ultimo. Lui e Caraballo guadagnarono tempo che pagarono con le loro vite. I sovietici pagarono un prezzo pesante, stimato al 65-75% di perdite, ma riuscirono comunque a raggiungere il fiume vicino a Staraia Myza.

Il capitano Oroquieta era appena stato tagliato fuori a sinistra e nelle retrovie, aveva perso la maggior parte dei suoi ufficiali e i suoi fortini malconci erano stracolmi di feriti che non poteva evacuare. A Oroquieta erano rimasti solo settanta *guripas* e una mitragliatrice. L'artiglieria russa estese il fuoco mentre cinque T-34 si precipitavano sugli spagnoli e rompevano la linea. A nord, la fanteria fece sentire la sua presenza, avanzando in massa. Oroquieta ordinò di aprire il fuoco e i russi cominciarono ad ammassarsi per poi ripiegare, ma in seguito attaccarono di nuovo, ma questa volta con il fuoco di mortai e anticarro, eliminando l'ultima mitragliatrice rimasta.

A questo punto Campos si era ritirato, lasciando il lato destro sguarnito. Stoicamente, Oroquieta osservò le lunghe colonne di fanteria rossa che penetravano in ordine sparso nel varco. Gli spagnoli tiravano senza sosta sul fianco esposto, ma i russi impassibili continuavano a marciare verso Krasny Bor. Alla fine, Oroquieta concentrò i pochi uomini rimasti a cavallo dalle alture sulla strada. Erano ormai le 10.30.

Dalla sua posizione Oroquieta osservava tristemente una colonna di prigionieri spagnoli in marcia verso le retrovie rosse. Il suo salvataggio era fuori questione, perché la sua piccola compagnia era circondata da tutti i lati. Dopo un pesante ma breve fuoco di mortaio, i sovietici lanciarono il loro terzo attacco di massa. Gli spagnoli avevano solo fucili e bombe a mano, ma erano sufficienti, perché la 12ª batteria aprì il fuoco da Fedorovskii e li colpì in pieno, causando una carneficina nelle compatte file russe, ma Oroquieta era stato ferito di nuovo, questa volta alla gamba destra.

"È giunto il momento di prendere decisioni eroiche", disse il generale Esteban Infantes, che con un sorriso fiducioso e nascondendo le sue emozioni e le sue apprensioni, continuò: "Dobbiamo fare tutto il possibile per proteggere quel fianco sull'Izhora, poiché è impossibile rinforzare Krasny Bor, invieremo lì le riserve e lasceremo che le forze di Krasny Bor reggano al meglio".

Il tenente colonnello Robles si rese conto che dipendeva da lui, poiché l'intero settore era suo da mesi. Araujo era nuovo e Sagrado non era all'altezza degli altri. Un vecchio e valido compagno d'armi, Cano del 269°, si sarebbe occupato dell'Izhora mentre lui cercava di salvare il resto. Alemany era andato a Krasny Bor per dare un'occhiata in giro e sarebbe tornato presto con l'impressione che si era fatto.

Oroquieta continuò a tenere la strada, sopportando attacchi sporadici accompagnati da colpi di mortaio. Improvvisamente, durante una delle pause, un russo ubriaco apparve sulla strada da sud e si diresse direttamente verso le posizioni spagnole, mostrando con orgoglio ai *guripas* due bottiglie di cognac e un mucchio di sigarette, il ricavato del bottino. Oroquieta cercò di interrogarlo, ma il russo era talmente ubriaco che dovette essere lasciato a "smaltire la sbornia" in una trincea, dove si addormentò. Le munizioni erano già scarse e non era rimasta nemmeno una bomba a mano.

Il tempo stava per scadere anche per il capitano Palacios, anch'egli quasi senza munizioni e con numerosi feriti concentrati nell'unico forte rimasto.

Castillo sparò l'ultimo colpo del suo MP-38/41 e alcuni caddero, ma erano circondati. Uno dei russi colpiti si lamentava e un sottufficiale gli chiese se avrebbe potuto resistere, ma girando la testa disse di no e allora il sergente alzò la pistola e gli sparò un colpo alla nuca. "Prigionieri", pensò Palacios. "E se possono fare questo ai loro, cosa faranno ai nostri feriti?". Poi, mentre uscivano dalla trincea, la notte si chiuse dietro la piccola colonna di 35 prigionieri spagnoli, 21 dei quali erano feriti.

I russi tornarono ancora una volta sulla posizione di Oroquieta, ma ancora una volta furono respinti, anche se Blesa, il suo amico d'infanzia, fu colpito in fronte da una pallottola che lo uccise all'istante. Il Capitano contò di nuovo i suoi uomini: tredici, di cui cinque feriti, ma ancora in piedi. Erano tutto ciò che rimaneva del 250° Battaglione di Riserva Mobile. Mentre aspettavano che calasse il buio per tentare una sortita, i russi apparvero di sorpresa, sparando con i cannoni contro gli spagnoli. Erano stati fatti prigionieri.

Tre delle quattro sacche di resistenza (Altura, Palacios e Oroquieta) erano state estinte. Rimaneva solo l'isolotto di Aramburu. Quando Campos e Arozarena si ritirarono da El Bastión, egli aveva assunto la difesa delle retrovie. Aramburu aveva ora abbastanza uomini per tenere la sua roccaforte sopra la strada. Aveva anche abbastanza ufficiali per mantenere l'integrità del comando. Dopo alcuni attacchi falliti, i russi si allontanarono da loro. Alle 3.30 del mattino, una squadra di staffette si spostò a Krasny Bor per riattaccare il filo e ristabilire le comunicazioni telefoniche, ma, sorpresa da una colonna russa, fu costretta a ritirarsi, e la stessa cosa si ripeté in un tentativo successivo. Deluso, ma non scoraggiato, Aramburu sapeva che Reinlein era ancora in città.

I comandanti Reinlein e Bellod avevano avuto un mercoledì pomeriggio movimentato. Mentre i russi erano in pausa per i rinforzi e il raggruppamento, la fanteria aveva fatto razzia. Privati del grosso delle truppe di copertura, gli Enquisti hanno tentennato fino a quando gli ufficiali e i commissari non sono riusciti a riportare sotto controllo gli equipaggi dei carri armati, seguiti a mezzogiorno per rimetterli in movimento. Nel frattempo, i due comandanti erano riusciti a stabilizzare la situazione, anche se non c'era altra scelta che far saltare i pezzi dell'11ª batteria. La Cruz era in viaggio con ciò che restava della sua Sezione d'Assalto. Stava attraversando la Foresta Rossa e lì, sulla strada dei tronchi, si imbatté in un gruppo eterogeneo di *guripas* senza comando, ai quali l'onore aveva impedito di ritirarsi ulteriormente. Separando i feriti, mandò gli altri nelle retrovie, a Raikolovo.

I *guripa* della 1ª e della 3ª batteria stavano combattendo per la loro vita. Per le strade di Krasny Bor si verificavano tremende esplosioni. I guerriglieri sparavano dalle finestre e dalle porte contro i russi infiltrati. Altri sparavano dai tetti. I genieri, come nella guerra civile, lanciavano bombe a mano e bottiglie di benzina contro i T-34 e i KV-1, incendiandone alcuni.

Saltando sul sidecar della sua moto, Reinlein si avviò verso la polveriera, dove fortunatamente funzionava ancora un telefono. Intorno alle 15.15 ricevette il generale Esteban Infantes e fu in grado di informarlo dettagliatamente del caos a Krasny Bor. Da parte sua, il generale annunciò che la Luftwaffe era in arrivo e che il gruppo da battaglia Heckel sarebbe arrivato da un momento all'altro. Felicissimo della notizia, saltò di nuovo sulla moto e partì lungo la strada Mosca-Leningrado alla ricerca della punta tedesca, che si stava avvicinando dal nodo stradale di Raikolovo.

Reinlein ha fatto rapporto al colonnello Heckel per aggiornarlo. In qualità di nuovo comandante di settore,

Indicando la mappa, il comandante proclamò con orgoglio che la 1ª e la 3ª batteria erano ancora in azione ed erano ora centri di resistenza. Il morale era alto, nonostante le perdite, e sarebbe aumentato anche quando gli spagnoli avessero visto arrivare i loro compagni tedeschi. Inoltre, gli disse che, se gli fosse stato ordinato, sarebbe stato felice di guidare un contrattacco. Il colonnello rispose che aveva già un battaglione sulla strada e un altro attraverso i boschi a nord-est per collegarsi alle difese spagnole a Krasny Bor. Prima aveva inviato il tenente Ulric in città per stabilire un contatto, ma Ulric non aveva trovato spagnoli, solo russi ovunque. Heckel disse allora a Reinlein di essere "stupito di trovare sulla strada soldati spagnoli che tornavano a Sablino". Reinlein rispose che "tutti gli ufficiali di questi soldati erano stati feriti o erano morti". Poi, dopo queste difese dell'onore dei suoi connazionali, tornò alla 1ª Batteria. Reinlein osservò che i tedeschi erano avanzati di circa 300 metri, per poi fermarsi e trincerarsi di nuovo. Era chiaro che Heckel non aveva intenzione di collegarsi con Aramburu, con se stesso o con Bellod. Il colonnello tedesco sembrò accontentarsi di scivolare al limite della foresta e di guardare Krasny Bor. Ancora una volta, che gli piacesse o meno, Reinlein era al comando. Due colonnelli lo avevano deluso: uno spagnolo e uno tedesco.

Il colonnello Sagrado, che era tornato a Krasny Bor, lasciò nuovamente Reinlein da solo. Si diresse quindi verso ovest con parte del suo staff e poi verso sud, attraverso la foresta di Sablino, alla ricerca del 390° Granatieri. Dopo un chilometro di avanzata tra gli alberi innevati, fu intercettato da una pattuglia tedesca, che proseguì per altri due chilometri verso Sablino, dove si trovava il suo Battaglione, e poi verso la base di Heckel, ma non riuscì a localizzarlo, quindi si diresse nuovamente a nord, verso Krasny Bor, dove incontrò il tenente Vega, al quale ordinò di recarsi all'incrocio della strada dei tronchi con la strada Mosca-Leningrado. Contrariamente a quanto sarebbe stato logico aspettarsi, il colonnello Sagrado si voltò e partì per Sablino per conferire con il generale Reymann della 212ª Divisione, che aveva assunto il comando dell'intero settore.

Alle 4.30 Kleffel comunicò a Esteban Infantes che Reymann aveva assunto il comando del settore, dall'Izhora alla ferrovia di ottobre. Il 316° Reggimento Granatieri sarebbe stato schierato tra il fiume e la strada. Heckel, ora attaccato alla 212ª Divisione, avrebbe continuato tra il recinto e la ferrovia.

Kleffel non sembra rendersi conto che Aramburu, Reinlein e Bellod continuano a resistere. Pur avendo il rapporto diretto di Alemany, il generale Esteban Infantes non era in grado di comunicare con il comandante del Corpo d'Armata, poiché tutto ciò che sapeva era che gli ufficiali di "Villa Relay" che avevano cercato di raggiungere Krasny Bor attraverso la strada dei tronchi erano stati uccisi mentre cercavano di ristabilire le comunicazioni. Tutto ciò che il generale sapeva con certezza era che la grande forza sovietica che minacciava la strada si stava avvicinando al tempo di Chernaia Rechka e al suo comando a Raikolovo.

Robles e Cano fecero quello che poterono. Con i rossi davanti a Raikolovo, la via di fuga occidentale per i feriti e i dispersi da Krasny Bor fu tagliata. Questa avanzata metteva in pericolo anche le retrovie del Battaglione Bianco del 263° sull'altro lato dell'Izhora. Inoltre, il Corpo d'Armata insisteva affinché gli spagnoli tenessero duro a Staraia Myza. Quando Cano informò Robles, il comandante del settore spiegò che non potevano aspettarsi altre forze dal 263° e dal 269°. Le loro linee erano così sottili che un singolo colpo russo avrebbe potuto perforarle.

Il tenente colonnello Robles aveva circondato Raikolovo con i mortai e le mitragliatrici della 4ª compagnia del 263° e dell'8ª del 269°, oltre a rinforzare il perimetro con il plotone unico della 7ª compagnia del 269°. La 9ª della 263ª dovrebbe arrivare verso le tre del pomeriggio e Robles vorrebbe poterla utilizzare come riserva del sottosettore, se riuscisse a convincere Esteban Infantes a dispensarla dalla protezione del suo PC. A nord, a Podolovo, era disponibile solo il personale di trasmissione, il quartiermastro e il personale sanitario. Oltre, a Samsonovka, la situazione era caotica. Alemany si era recato sul posto e aveva detto che ufficiali e soldati erano sparsi per la città senza alcuno scopo apparente. D'altra parte, Alemany non era riuscito a ottenere informazioni dal comandante White, che stava combattendo dall'altra parte del fiume a Staraia Myza.

Il tenente colonnello Cano lasciò Raikolovo per esplorare il suo nuovo sottosettore Izhora. Sapeva che il 3° 262° aveva un fronte vecchio e ben consolidato, ma non ignorava che questo battaglione aveva subito il 40% di perdite a causa del fuoco di artiglieria. Controllò prima le condizioni della 14ª compagnia del 262° e del 3° gruppo di artiglieria a Moiskropovo, poi alla cartiera, dove il capitano Ortega teneva testa, dietro le alte mura, al 1° squadrone di ricognizione e a gruppi di *guripa* e artiglieri. Attraversando il grande meandro dell'Izhora si trovò nel mezzo di un pesante fuoco di sbarramento, che non lo colpì. Proseguì fino alla 7ª batteria e trovò i suoi quattro pezzi che lanciavano acciaio contro una massa compatta che attaccava attraverso il fiume ghiacciato e fu costretto a ripiegare. Alla fine, riuscì a raggiungere la base di Araujo, dove fu informato che lo Staraia

Myza era appena caduto. Il 1° Battaglione del 263° stava tornando dall'altra parte dell'Izhora, ma dov'era il Maggiore Blanco? Nessuno lo sapeva.

Senza tornare al suo comando, il tenente colonnello Blanco, con l'aiuto dei capitani Urbano e La Fuente e del tenente Garcia, radunò i *guripas* in una linea di difesa intorno a Samsonovka. Quando il tenente colonnello poté finalmente tornare al suo comando, incontrò il maggiore Blanco che era appena arrivato: era l'ultimo spagnolo a lasciare Staraia Myza vivo.

La grande concentrazione sovietica si stava svolgendo davanti a Samsonovka. Cano chiese a Robles di rinunciare alle riserve a Raikolovo, cosa che Esteban Infantes accettò. Tuttavia, una parte del 9° del 263° continuò a difendersi e un altro plotone marciò verso la strada dei tronchi. Robles aveva già inviato una pattuglia, accompagnata dal principe de Metternich, interprete del generale Esteban Infantes, lungo il percorso: non si vedeva la minima presenza di rossi o tedeschi. Dov'era il 390° Granatieri? Qualche eroe resisteva sulle alture e i pezzi rimanenti della 1ª e della 3ª batteria continuavano a sparare. Reinlein era appena tornato al forte del capitano Andrew quando i russi scatenarono un nuovo attacco. Carri armati e nugoli di soldati si muovevano verso sud, lungo la via Sovietskii. I *guripas* erano indifesi di fronte ai KV-1. Nascosti negli edifici in rovina, aspettarono che passassero e poi combatterono la fanteria.

Il tenente Constantine Goduidionachvili era con il maggiore Bellod, reduce da una ricognizione a El Bastión, quando iniziò l'attacco. Dato lo sfondamento, l'ex capitano zarista e combattente della guerra civile arruolato nella Legione aveva cercato di aiutare a tenere la seconda linea. Stava discutendo della situazione con il maggiore Bellod, quando un KV-1 girò l'angolo di via Sovietskii sparando con cannoni e mitragliatrici. Anche il capitano Muñoz García lo vide arrivare e ordinò ai suoi genieri di piazzare mine T nella strada, ma il comandante del carro armato, cauto perché non aveva fanteria di supporto, si diresse verso l'ospedale, situato in un edificio a due piani vicino al comando del reggimento. Il KV-1 si diresse direttamente verso il cancello dell'ospedale senza cessare il fuoco. Alcuni *guripas* cercarono di fermarlo con bombe molotov e con mine magnetiche, che non gli causarono il minimo danno. All'improvviso, il geniere Antonio Ponte Anido, collegamento del comandante Bellod, scivolò con due mine T fino al KV-1 e le lanciò sotto la sua pancia; una tremenda esplosione uccise il KV-1, ma anche la sua vita. Alle cinque del pomeriggio la situazione era tranquilla a Krasny Bor, anche se persistevano piccoli scontri, ma l'artiglieria era silenziosa.

Bellod ne aveva abbastanza. Il colonnello von Below, senza perdere tempo, aveva inviato il 374° Granatieri da Sablino per la Ferrovia d'Ottobre e si era formato dietro di lui, schierandolo immediatamente a est sulle alture. Bellod, informato che il 390° e il 374° Reggimento erano al comando, ritirò ciò che restava del 250° Ricognitore, il 1° del 262° e i genieri da combattimento, marciando verso Sablino alle 6.30 di sera.

Vedendo Bellod partire, il tenente Jobst della Commissione di collegamento si preoccupò del fatto che il Battle Group di Heckel avrebbe dovuto essere lì da ore, così decise di cercare il suo CP e lasciò Popovka in direzione ovest. Finalmente, dopo un'ora di cammino, incontrò Heckel nel bosco, a sud della chiesa ortodossa, che lo informò che il suo 390° Reggimento era in posizione e che aveva già preso il controllo del settore.

Ahoya aveva già una nuova linea lungo la foresta, dalla strada Mosca-Leningrado verso est, fino alla Divisione SS Polizei. Tuttavia, non avendo notizie dalla Divisione, Reinlein e La Cruz erano riluttanti a ritirarsi; inoltre, i *guripas* che si erano nascosti stavano arrivando, sia in piccoli gruppi che da soli, da El Trincherón, e nessuno dei due voleva abbandonare Aramburu, che era isolato nel nord della Foresta Rossa.

Robles stava avanzando lungo la strada dei tronchi, perché quando era giunta la notizia della scomparsa del colonnello Sacred, aveva lasciato Raikolovo per Krasny Bor con uno squadrone e un piccolo stato maggiore. Sul ciglio della strada, in una capanna, ha allestito il suo posto di comando. Purtroppo, il 262° non esisteva più, ma il veterano legionario raccolse i fuggitivi e gli sfollati e li schierò in linea lungo la cresta superiore della Foresta Rossa. Lì, tra l'Izhora e la strada Mosca-Leningrado, ci sarebbe stato un grande varco. Il 316° Reggimento doveva arrivare da Sablino ma, finché non fosse arrivato e non avesse formato una linea più solida, la Divisione e il Corpo d'Armata avrebbero corso il pericolo più grave.

Lindemann telefonò a Esteban Infantes e, mentre Metternich traduceva, riferì. Lindemann rispose bruscamente: "Staraia Myza deve essere tenuta senza condizioni. Insieme al 316° Granatieri, attaccherete a nord".

Robles era molto ansioso di agire con il 316°, ma non poteva aspettare. Verso le 21.00 era riuscito a radunare abbastanza *guripas* per formare una Compagnia, ma mancavano gli ufficiali, i servizi scarseggiavano e non avevano armi automatiche. Aveva convinto i suoi artiglieri senza obici, i suoi fanti senza cannoni e i suoi cuochi senza cucine, che potenti forze tedesche si erano attaccate a ciascuno dei loro fianchi e che erano davvero in seconda linea. Ma naturalmente pensava il contrario, perché sembrava certo che la 72ª Divisione russa avrebbe attaccato il mattino seguente. Una delle sue sentinelle gli diede la notizia che una colonna stava risalendo la Log Road in ordine sparso. Le voci udite non erano né tedesche né spagnole, ma gli elmetti d'acciaio sembravano i loro. Il tenente colonnello Robles uscì e, alzando una mano, intimò l'alt. Erano estoni e il loro capitano spiegò, in un tedesco stentato, che si trattava di due compagnie del 658° Battaglione, inviate a occuparsi della difesa del perimetro del 138° Gruppo di Artiglieria, poiché diverse batterie tedesche erano state scoperte. Chiese a Robles se poteva guidarli, ma quest'ultimo, fingendo di non capire, invitò il Capitano nella sua isba. Lì, a lume di candela, il tenente colonnello, che sapeva benissimo che le batterie tedesche erano a tre chilometri di distanza, indicò sulla sua mappa "la situazione reale", per cui gli estoni avrebbero dovuto schierarsi lungo il margine della Foresta Rossa, tra l'Izhora e la strada Mosca-Leningrado. Il capitano estone uscì e diede ordini. Il varco fu chiuso.

Il colonnello Sacro era al sicuro a Sablino. Era arrivato verso le 7 e aveva chiesto subito un colloquio con il generale Reymann, ma il comandante della 212ª Divisione non volle vederlo e lo fece aspettare per più di tre ore. Nel frattempo, Sagrado telefonò a Esteban Infantes e disse al generale che "il suo posto di comando era stato distrutto dal fuoco dei carri armati russi e occupato dalla fanteria rossa". Questa affermazione fu smentita dal tenente Jobst, ufficiale di collegamento del reggimento. "Mancando qualsiasi mezzo di assistenza", continua il colonnello, "aveva cercato Heckel a sud, il cui arrivo era stato annunciato e che avrebbe potuto avanzare, ma non l'aveva fatto. In realtà, un intervento tempestivo non solo avrebbe sostenuto le sue forze spagnole, ma sarebbe stato utile anche per il supporto del settore". Solo quando Bellod raggiunse Popovka, Sagrado ebbe la certezza che i suoi uomini stavano ancora resistendo.

Quando Sagrado fu finalmente introdotto nella stanza del generale Reymann, l'accoglienza fu fredda. Jobst, arrivato dal comando di Heckel, fece da interprete. Reymann ordinò a Sagrado di rimanere a Sablino. Non doveva tornare a Raikolovo, ma rimanere per aiutare a radunare i fuggitivi e gli sfollati. Lo informò anche che Esteban Infantes aveva inviato il tenente Fernandez dal suo Stato Maggiore per assumere il comando. Inoltre, Reymann rifiutò l'impiego di unità spagnole riorganizzate nel suo settore. Il colloquio era terminato. Il colonnello Sagrado era esausto, ma si ricompose abbastanza da inviare altre munizioni a Reinlein a Krasny Bor. Questo fu il suo ultimo ordine come colonnello al comando del 262° reggimento.

Reinlein e La Cruz soffrivano più per i bombardamenti tedeschi che per quelli sovietici, non vedevano un fuggitivo o uno sfollato da ore e non avevano ancora notizie dalla Divisione, ma erano ormai certi che i tedeschi avessero preso il controllo della situazione. Era giunto il momento di partire.

Dopo aver fatto saltare l'unico pezzo rimasto, un obice da 105, il comandante Reinlein e il capitano Andrés lasciarono l'isolotto intorno alla 1ª batteria, insieme a una cinquantina di artiglieri. Li seguirono il comandante La Cruz e il capitano Apestegui con quasi un centinaio di anticarro e fanti. La piccola colonna passò davanti all'ospedale, al suo PC reggimentale punito, alla chiesa ortodossa in rovina e si stava avvicinando alla strada dei tronchi, quando un tenente tedesco emerse dall'ombra desiderando parlare con l'ufficiale in comando. Reinlein e La Cruz si fecero avanti. Il traduttore era in difficoltà e, mentre si dibatteva, gli spagnoli notarono le mostrine rosse sul colletto della giacca. Era un artigliere e senza dubbio voleva che rimanessero. La sua batteria da 155 mm. Si trovava a sud del bosco di Sablino e se gli spagnoli se ne fossero andati, i suoi pezzi sarebbero stati totalmente esposti a un assalto della fanteria sovietica e in questo caso sarebbe stato costretto a farli saltare in aria.

La Cruz rifiutò, Reinlein, che aveva sofferto l'agonia di difendere i suoi obici per tutto il giorno per poi farli esplodere, esitò, perché aveva un compagno artigliere in condizioni disperate. Inoltre, Aramburu potrebbe essere ancora vivo. Annuì e La Cruz cercò di dissuaderlo, ma senza successo. Gli anticarro marciarono a sud verso Sablino, mentre Reinlein, Andrés e i loro cinquanta artiglieri si trincerarono davanti alla batteria tedesca. Era appena passata la mezzanotte. Il mercoledì nero, 10 febbraio 1943, era finito.

Aramburu, insieme ai capitani Campos e Arozarena, aveva deciso di tentare la sortita. Krasny Bor era tranquilla. C'era stata un'agitazione all'Izhora verso le undici, ma erano passate due ore. I tre ufficiali temevano che l'Armata Rossa avesse buttato tutto all'aria e marciasse verso Sablino, quindi distrussero tutto ciò che non potevano portare con sé, poi caricarono i feriti sulle slitte e si diressero verso la strada, poiché Aramburu aveva concluso che quella era la via più rapida e diretta per le retrovie. Preceduti da pattuglie di ricognizione, i quasi duecento uomini appartenenti alla 3ª Compagnia di genieri, alla 7ª e all'8ª Compagnia della 262ª e alla 3ª de "La Tía Bernarda", si incamminarono verso sud, ma furono scoperti e attaccati, riuscendo però a sfuggire all'azione nemica. Infine, a circa quattro chilometri dal punto di partenza, incontrarono la Sezione d'Assalto Anticarro e poi proseguirono lentamente verso Sablino, iniziando a incontrare soldati del 390° Reggimento, ai quali Aramburu chiese il CP del loro Colonnello. Quando Aramburu si presentò a Heckel, si rese subito conto che Heckel non era soddisfatto, ma piuttosto sorpreso, poiché credeva che non ci fossero spagnoli a Krasny Bor.

Mentre Reinlein e Aramburu si ritiravano, la 55ª Armata Rossa arrivò alle spalle e raggiunse il suo obiettivo immediato: il margine meridionale di Krasny Bor. A ovest la 72ª Divisione aveva conquistato l'Izhora. A est, la 43ª Divisione stava avanzando su Nikolskoie. Ma l'attacco russo non si era fermato, poiché le unità superstiti sulle alture e i nuovi isolotti creati dal contrattacco di metà mattina disorientarono l'avanzata sovietica. I generali dell'Armata Rossa erano sciocccati dal fatto che qualcuno fosse sopravvissuto alla loro enorme preparazione di artiglieria ed erano riluttanti ad accettare le enormi perdite causate dagli isolotti e dall'artiglieria spagnola e tedesca. Erano disposti a sacrificare solo le unità punitive. Inoltre, gli ufficiali sovietici persero il controllo dei loro soldati nei saccheggi e nelle perdite e, quando ristabilirono il comando, commisero l'errore di perdere tempo sui ricci e sui gruppi isolati, invece di concentrarsi e continuare l'avanzata. D'altra parte, i carri armati sovietici, privati della loro scorta di fanteria, esitarono a muoversi in profondità attraverso Krasny Bor verso Sablino e Nikolskoie. Questo permise a Reinlein, Bellod e von Bock di stabilire una linea basata su postazioni di artiglieria lungo le alture.

L'arrivo anticipato di von Below assicurò che gli sforzi di Bellod e von Bock non fossero vani. Inoltre, permise alla Divisione SS Polizei di cambiare fronte e di trincerarsi. È chiaro che se Heckel avesse agito con la stessa determinazione di von Below, ci sarebbero state maggiori possibilità di salvare le alture di Krasny Bor.

La combinazione di errori russi e di una dura resistenza spagnola diede alla 18ª Armata e al 50° Corpo il tempo di inviare potenti forze in questo settore vitale. Ogni minuto di guadagno ebbe un prezzo molto alto. Quasi 2.200 perdite spagnole costarono quelle ore preziose. La battaglia di Krasny Bor era finita, ma la 55ª Armata rossa aveva solo inciampato, non era stata fermata.

Giovedì mattina il generale Esteban Infantes, tornato dalla Prokovskaia, inviò il suo rapporto giornaliero all'addetto militare di Berlino, ma poiché né il generale né il suo stato maggiore sapevano bene cosa stesse succedendo, il telegramma era molto confuso e breve: "La divisione è impegnata in un duro combattimento a Krasny Bor. Spirito eccellente. Perdite tre morti e un ferito". Ma il messaggio arrivò a Berlino solo venerdì 12 febbraio. Perplesso, l'Addetto militare decise di attendere ulteriori notizie, poiché il numero di vittime non si adattava a un'azione importante. Poche ore dopo arrivò un nuovo telegramma che, dopo aver descritto brevemente l'attacco sovietico, indicava la perdita di tre battaglioni di fanteria, due compagnie anticarro, due compagnie di genieri e uno squadrone di cavalleria, oltre a due batterie di artiglieria. Ovviamente il Generale non aveva ancora il pieno controllo della situazione. Chiese, inoltre, l'invio immediato di due battaglioni di marcia (circa 2.000 uomini), nonché la sostituzione di sei comandanti di fanteria, un comandante del Genio e un comandante di cavalleria.

Stupito dalla richiesta di invio urgente di personale per coprire le perdite, il colonnello Roca de Togores telefonò a Madrid e, non riuscendo a contattare il capo dello Stato Maggiore Centrale, il generale García Valiño, chiese di parlare con il ministro dell'Esercito, il generale Asensio, che ascoltò pazientemente mentre il colonnello riferiva il messaggio frammentario di Esteba Infantes. Questo messaggio era stato parzialmente confermato dalle agenzie di stampa russe TASS e dalla britannica BBC. Esteban Infantes riferì anche di aver già allertato il 20° Battaglione di Marzo, che si trovava a Hof, per coprire la metà delle perdite, compresi alcuni dei comandanti richiesti. Il generale Asensio approvò le misure e telefonò al Battaglione di marcia, concentrato a Logroño, per accelerare i preparativi per la partenza per la Germania.

Quando Robles fu inviato a intraprendere la riorganizzazione del 262°, il colonnello Rubio assunse il comando dell'intero sottosettore nell'Izhora. Su richiesta del Corpo d'Armata, Esteban Infantes aprì un'inchiesta sulla condotta del colonnello Sagrado a Krasny Bor e il colonnello Kleffel aprì un'inchiesta sulla condotta del colonnello Heckel. Sagrado fu sollevato e inviato in Spagna e Heckel fu inviato nelle riserve.

Mentre Rubio e Cano mantengono l'Izhora e il tenente colonnello Robles riorganizza il 262°, Esteban Infantes cerca di ristabilire il prestigio spagnolo. Lindemann e Kleffel discussero le azioni del 10 febbraio. Kleffel era pieno di elogi per gli ufficiali spagnoli che avevano combattuto eroicamente, ma d'altra parte il comando del reggimento non era abbastanza energico. I due generali concordarono sul fatto che, finché gli ufficiali erano in vita, i *guripas* avevano combattuto bene, ma il comando tedesco aveva da tempo compreso che il continuo movimento nei ranghi, con truppe fresche, apriva la possibilità di panico sotto il fuoco dell'artiglieria e di blandizie una volta rotta l'unità di comando. Il giorno successivo Lindemann, in comunicazione con il Corpo d'Armata, elogiò gli ufficiali spagnoli, con una menzione speciale per gli artiglieri.

Quello stesso sabato, Reinlein tornò da Krasny Bor. Lui e i suoi uomini erano riusciti a salvare la batteria tedesca. Ora, tre giorni dopo il passaggio del settore alla 212ª Divisione e quarantotto ore dopo l'ordine di ritirarsi, erano finalmente sollevati. Quando il coraggioso gruppo si riunì sul campo di manovra di Prokovskaia, la stanchezza e la fame erano scritte in grande sui loro volti. Reinlein e Andres, in posizione di riposo, si guardavano con sdegno e si sentivano avvolti dalle lodi di Esteban Infantes. I loro volti sembravano dire: "Dov'eri, mio generale?". Cercando di guadagnare prestigio attraverso l'associazione, Esteban Infantes conferì a Reinlein una meritata Medaglia Militare Individuale e lo nominò suo aiutante.

Ma i generali tedeschi non si fecero ingannare. Sapevano che erano stati i comandanti e gli ufficiali, non il comando di divisione, a trionfare. Tutte le preoccupazioni di Kleffel quando Muñoz Grandes se ne andò si ripresero. Von Küchler e Lindemann stavano discutendo del ritiro della Divisione Blu dal fronte e del suo invio a Novgorod. Il generale Esteban Infantes andava avanti e indietro con il suo nuovo aiutante, sperando disperatamente di riguadagnare il rispetto. Invece, i tedeschi collocarono la 170ª Divisione dietro la sua linea. Il 20 febbraio Esteban Infantes assegnò al tenente colonnello Robles, un altro degli eroi di Krasny Bor, il comando del 262° reggimento in una posizione di responsabilità.

Nel pomeriggio dello stesso giorno, l'addetto militare ricevette a Berlino il rapporto che specificava che il numero totale dei combattenti spagnoli nella battaglia di Krasny Bor era stato di 4.200 uomini e che le loro perdite erano state del 53%.

L'arrivo del 20° Battaglione di marcia permise a Esteban Infantes di coprire circa la metà delle sue perdite. Sul fronte si verificarono solo scontri di routine tra pattuglie, incursioni e bombardamenti di artiglieria, anche se l'attività aerea e il traffico di veicoli nella zona di Kolpino continuarono ad essere intensi.

Con l'arrivo della primavera e l'innalzamento delle temperature, la situazione si capovolse di nuovo, per l'ultima volta. Le offensive russe persero slancio e la Wehrmacht ricominciò i suoi piani di attacco.

Il 14 marzo von Küchler trasmise a Lindemann una direttiva dell'OKH per l'operazione Parkplatz. Per il Gruppo d'armate Nord era prevista una fase difensiva, in cui le divisioni liberate da Demiansk sarebbero state riorganizzate e rinforzate come divisioni d'attacco. Anche un'altra unità sarebbe stata preparata come divisione d'attacco: la 250ª Divisione o Divisione Blau. Tutto doveva essere pronto per luglio. Parkplatz richiedeva due fasi: un'avanzata verso il lago Ladoga avrebbe ristabilito l'assedio, e poi la città di Leningrado sarebbe stata assaltata.

Il 16 Lindemann si recò a Pokrovskaia per conferire con Esteban Infantes, ma prima con Knüppel, il capo del distaccamento di collegamento, che gli consigliò che se ci fossero stati ordini difficili, sarebbe stato meglio che li avesse firmati personalmente, indicando che il generale spagnolo non andava d'accordo con il generale Kleffel, senza dubbio a causa della battaglia di Krasny Bor.

Tre giorni dopo, il 19, all'alba, sembrava che si ripetesse Krasny Bor: intenso fuoco d'artiglieria, bombardamenti aerei, movimenti di carri armati a Iam Izhora e distruzione delle comunicazioni. Fortunatamente, però, il bombardamento non durò a lungo e si concentrò sull'artiglieria spagnola piuttosto che sulla prima linea. Quando la fanteria caricò le forze di Robles a Podolovo e Putrolovo, fu colta da un vero e proprio diluvio di schegge. Si lanciarono ripetutamente all'attacco contro il 1° e il 30° battaglione del 262°, comandati dal maggiore Castro e dal capitano Calvo. Nel disperato tentativo di aprire la strada Mosca-Leningrado prima che la *rasputiza* trasformasse il terreno paludoso circostante in un mare di fango, i russi riuscirono per poco a sopraffare gli avamposti lungo la strada, ma il 3° Battaglione contrattaccò e, nel combattimento corpo a corpo, respinse la 72ª Divisione dell'Armata Rossa. Il capitano Merry Gordon fu ferito, ma a mezzanotte centinaia di soldati sovietici erano appesi al filo spinato e l'Izhora era sicura. Sotto l'abile comando del tenente colonnello Robles, il 262° era tornato ad essere una temibile unità combattente.

Anche la 55ª Armata russa fallì nel tentativo di muoversi verso est e tagliare la strada Sablino-Mga. Robles, Bellod e Castro avevano fatto coscienziosamente il loro dovere e insieme tornarono in Spagna all'inizio di aprile con l'11° Battaglione di Ritorno.

Il tenente colonnello Villegas si unì allo Stato Maggiore della Divisione all'inizio di aprile e sostituì ufficialmente il colonnello Andino il 10 aprile. A questo punto la Divisione, con l'arrivo del 20° e 21° Battaglione di marcia, aveva portato la forza della Divisione a 15.025 uomini, ma la sua artiglieria non era stata completata perché i tedeschi erano a corto di pezzi d'artiglieria.

La 2ª Brigata di fanteria Waffen SS era ancora sulla sinistra della Divisione ad Aleksandrovka, mentre la 254ª Divisione Wehrmacht copriva la Foresta Rossa sulla destra.

Alla fine di maggio, tutte le unità della Divisione erano quasi al 100% della forza, anche se molti dei "mortadella" appena arrivati avevano solo tre settimane di addestramento. Il 23° Battaglione di marcia, comandato dal Maggiore Gueda, era composto per la maggior parte da membri della 1ª Linea di Falange, ma tuttavia circa il 15% della sua forza era costituito da veterani *guripa* che avevano deciso di non rimpatriare e rimanere in Russia per un altro anno.

In quegli ultimi giorni di maggio, Esteban Infantes fu promosso Maggiore Generale e ricevette la visita del Capo di Stato Maggiore dell'Esercito, Generale Martínez Campos, che si era recato in Germania. Nel pomeriggio del 1° giugno, il Maresciallo von Küchler tornò al Quartier Generale del Gruppo d'Armate a Pskov dalla "Tana del Lupo", dove aveva trascorso una giornata estenuante ma esaltante.

La Divisione Blu si stava preparando per l'attacco, stavano arrivando altri comandanti e ufficiali e così il 14 giugno il colonnello Navarro assunse il comando dello Stato Maggiore della Divisione e il colonnello Amado quello del 263° reggimento, mentre il tenente colonnello Villegas divenne vicecomandante del 263°. Ma non appena Amado assunse il comando a Pushkin, la 56ª Divisione di fanteria sovietica attaccò.

Dopo mesi di silenzio, i russi tornarono in azione. Il 17 giugno, cinque compagnie attaccarono alle 2.30 del mattino, approfittando dell'oscurità e allestendo cortine fumogene. Un intenso fuoco di artiglieria cadde per trenta minuti sulle posizioni El Dedo della 262ª e El Alcazar della 263ª, precedendo l'assalto della fanteria. Ma l'artiglieria spagnola iniziò immediatamente a cannoneggiare le concentrazioni rosse. I russi avanzarono sotto una cortina di fuoco e riuscirono a penetrare brevemente nelle trincee, ma un'ora dopo era tutto finito. Lo sforzo principale era stato compiuto contro "El Dedo", lasciando a terra e appesi ai cavalli frisoni delle trincee spagnole centotrenta morti della compagnia punitiva che aveva iniziato l'assalto.

Il 18 luglio, il generale Esteban Infantes, in occasione della celebrazione del settimo anniversario dell'Insurrezione Nazionale, preparò una festa alla quale invitò i generali Lindemann, Kleffel, Eberhard Kinzel (Capo della M.E. del Gruppo di Armate del Nord), Hans Speth (Capo della M.E. della 18ª Armata), Walter Krause (della 170ª Divisione) e Friedrich Köchling (della 254ª Divisione). Il Generale era raggiante mentre conduceva i suoi brillanti ospiti nel parco del palazzo, dove erano stati preparati per mesi ottimi cibi e vini provenienti dalla Spagna. Tutto procedeva placidamente. Alla fine della seconda portata, Esteban Infantes si alzò e lodò i tedeschi, ma quando Lindemann si alzò per rispondere sembrò che il cielo stesse per cadere. Decine di cannoni russi da 122 cannoneggiavano Pokovskaia. Esteban Infantes rimase immobile mentre nuvole di polvere, onde d'urto e schegge di granata ricoprivano ogni cosa. I generali si guardarono, passarono alcuni secondi, Esteban Infantes incontrò lo sguardo di Lindemann, ci fu un impercettibile cenno e tutti si precipitarono nei sotterranei del palazzo per gettarsi nelle trincee aperte lo scorso aprile. La guardia d'onore, composta da veterani del fronte, non attese l'ordine e cercò subito riparo. Alcuni ufficiali dell'E.M. furono feriti e Alemany, colpito alla testa, rimase ucciso. Il banchetto fu un fallimento. Kleffel non era soddisfatto, perché era giunto alla conclusione che i russi erano stati informati e che avrebbero tentato, un altro giorno, di eliminare tutti i comandanti d'armata, per cui ordinò immediatamente la costruzione di rifugi ben protetti in tutti i quartieri generali alternativi.

Con la crescita della potenza sovietica e l'aumento delle pressioni alleate, il generale Franco iniziò a considerare il ritiro della Divisione. L'esito della battaglia di Kursk e la caduta di Mussolini il 25 luglio furono decisivi. La stampa spagnola cominciò a passare a una posizione neutrale. Il 29 luglio Franco ricevette la visita dell'ambasciatore americano Carlton Hayes, che gli raccomandò inequivocabilmente di dichiarare la neutralità alla prima occasione e si dichiarò soddisfatto della risposta di Franco.

Ma il 29 agosto anche Samuel Hoare, ambasciatore britannico, incontrò Franco, che ascoltò con calma ma senza essere convinto. Disgustato e infastidito dal fatto di non essere riuscito a convincere Franco in nessuno degli archi che aveva posto, volò a Londra e, in un'intervista esplosiva alla BBC e ai corrispondenti della stampa alleata, affermò di aver chiesto imperativamente il ritiro della Divisione Blu. Gli spagnoli erano giustamente furiosi e il ministro degli Esteri Jordana chiamò l'ambasciatore Hayes per dirgli che Hoare aveva complicato la partenza della Divisione, in quanto poteva essere vista come forzata anziché volontaria e avrebbe causato ritardi.

Il 9 settembre gli altoparlanti sovietici, presidiati da esuli repubblicani spagnoli, trasmettono gli ultimi comunicati alleati e davanti alla postazione della 10ª compagnia del 262°, ad Aleksandrovka, appare un enorme cartello scritto in rosso: "Spagnoli, l'Italia ha capitolato, venite da noi!". Arrabbiati per questo paragone con gli italiani, i guerriglieri del colonnello Valcarcel scivolarono attraverso il filo spinato russo e distrussero l'insegna offensiva. Poche ore dopo apparve un altro annuncio, questa volta nelle trincee spagnole, che proclamava con orgoglio: "Noi non siamo italiani!".

Rimpatrio

Le voci su un possibile rimpatrio della Divisione erano sempre più insistenti quando il 24 settembre, durante una riunione del Consiglio dei Ministri, Francisco Franco annunciò che la Divisione Volontaria Spagnola sarebbe tornata e che sarebbe stata sostituita da una Legione. Sebbene quanto discusso nei Consigli dei Ministri fosse considerato segreto, pochi istanti dopo la fine del Consiglio, l'ambasciatore tedesco Dieckhoff era già in possesso delle informazioni su quanto discusso.

Tuttavia, Franco non fece nulla di concreto fino al 1° ottobre, quando dichiarò ufficialmente la neutralità. Il 2, Vidal, ambasciatore a Berlino, fu incaricato di informare Hitler dell'intenzione del governo spagnolo di ritirare la Divisione. Gli spagnoli stavano affrontando la dura battaglia ma erano circondati dalla Wehrmacht e alcuni a Madrid erano preoccupati per quello che Hitler avrebbe potuto fare, ma quando Hitler apprese la notizia ordinò che gli uomini della 250ª Divisione dovevano essere trattati con il massimo rispetto.

Nella tarda serata del 4 ottobre 1943, il Corpo d'Armata notificò improvvisamente allo Stato Maggiore di Divisione che il generale Lindemann sarebbe arrivato la mattina seguente per consegnare al generale Esteban Infantes la Croce di Cavaliere. Sorpreso da questa frettolosa cerimonia, il medico legale si chiese di cosa si trattasse. Alle 10.15 Lindemann si presentò, accompagnato dal generale Wilhem Wegener, che aveva appena assunto il comando del Gruppo d'Armate dal generale Kleffel, in cattive condizioni di salute. Dopo la cerimonia, Lindemann chiese a Esteban Infantes quale fosse il morale della Divisione e lui rispose: "Il morale è buono, mio generale, e le perdite sono state basse, solo 300 uomini negli ultimi tre mesi". Il capo del distaccamento di collegamento, Knüppel, ascoltò con attenzione. Sapeva che il generale spagnolo non era ancora stato informato. Il Corpo d'Armata aveva chiamato la sera prima per riferire che la Divisione sarebbe stata ritirata dal fronte per un ulteriore addestramento, senza che Esteban Infantes potesse immaginare di essere stato deliberatamente ingannato, dato che Lindemann sapeva perfettamente dall'OKH che la 250ª Divisione stava tornando in Spagna. La voce di Esteban Infantes si interruppe. I russi avevano fatto un altro tentativo ed erano stati nuovamente respinti.

Il capitano Morón era appena arrivato con il 26° battaglione di marcia e fu assegnato al 269°, dove Cano lo mise al comando della sua 9ª compagnia, con posizioni nel settore Poshinskii-Central, a est di Slavianka. Improvvisamente, alle 4.45 del mattino, l'artiglieria, i mortai e i cannoni anticarro cominciarono a martellare le posizioni della 9ª Compagnia. Dopo un'ora e un quarto di bombardamenti, due compagnie del 3° battaglione del 213° reggimento di fanteria emersero dall'oscurità e si precipitarono attraverso i corridoi aperti nel filo spinato spagnolo. I *guripas* osservarono il capitano Morón e si chiesero come avrebbe reagito. Cercò di chiamare il 269°, ma le linee erano interrotte, così, prendendo il suo MP-8/41, aprì il fuoco sulle figure ombrose che avanzavano nella terra di nessuno. I veterani erano soddisfatti e si sentivano meglio. Anche se nuovo, il capitano era uno di loro.

A Morón non mancò la fortuna, perché i suoi comandanti di sezione erano molto anziani e, conoscendo la passione dei *guripa* per l'inseguimento, li guidarono in un'operazione di rastrellamento. Contarono venticinque morti russi, compreso l'ufficiale comandante del 3° battaglione che aveva rifiutato di arrendersi. Più tardi, quando la nebbia si alzò, gli spagnoli contarono fino a 40 coppie di barellieri impegnati a rimuovere i feriti. Le perdite spagnole furono solo diciotto.

Quando Esteban Infantes parlò con entusiasmo ai generali tedeschi di come gli "Ivani" erano stati respinti, notò che Lindemann sembrava un po' riservato. Quando ebbe terminato il suo racconto, Lindemann annunciò che la 250ª Divisione sarebbe stata ritirata dal fronte per riposare e addestrarsi ulteriormente, cosa che gli fece piacere, poiché la Divisione era al fronte da due anni e aveva chiesto che le nuove reclute fossero sottoposte a un periodo di addestramento; inoltre, si vociferava di un'imminente offensiva contro la sacca di Oranienbaum, e, con i suoi uomini riposati e ben preparati, sperava di terminare il suo incarico di comandante della Divisione con un'offensiva vittoriosa.

La ritirata iniziò nella notte tra il 7 e l'8 ottobre. I cinque battaglioni di riserva (il 1° e il 3° della 262ª; il 2° della 263ª e il 1° e il 2° della 269ª) iniziarono la loro lunga marcia verso ovest sulle strade fangose e semicongelate verso Volosovo e Nikolaievka. I battaglioni della linea rimasero in attesa che la 170ª Divisione potesse muoversi verso est. Il 12 ottobre, giorno festivo spagnolo, l'artiglieria sovietica entrò in azione e la 189ª Divisione attaccò il saliente ancora difeso dalla 2ª della 262ª, ma fu respinta dopo aver subito pesanti perdite. Lo stesso giorno il generale Esteban Infantes, non ancora ufficialmente a conoscenza della ritirata della Divisione, cedette il comando del settore. Gli aerei di collegamento Junkers Ju-52 non erano ancora arrivati.

Alle tre di quel pomeriggio, Lindemann, avendo ricevuto ordini dall'OKH, si recò a informare Esteban Infantes a Nikolaievka. Lì, alla presenza di Reinlein, Knüppel e Metternich, gli diede la notizia del rimpatrio. Quest'ultimo, come gli altri, rimase sbalordito. Perplesso e incinto, Esteban Infantes chiese tempo per contattare l'addetto militare a Berlino.

Il 7 novembre Esteban Infantes fu ricevuto da Adolf Hitler per salutarlo, ma Hitler non gli disse nulla sul rimpatrio della Divisione, poiché tutti questi dettagli riguardavano il Maresciallo Keitel.

L'accoglienza in Spagna per i veterani arrivati con le varie spedizioni fu fredda e i ricevimenti ufficiali furono furtivi e silenziosi, poiché Franco non voleva pubblicizzare la ritirata. Al 16 novembre un totale di 3.347 uomini era tornato in Spagna.

Il giorno successivo fu pubblicato l'Ordine Generale DEV n. 69 che istituiva la Legione Volontaria Spagnola (LEV). Si trattava in realtà di un reggimento con tre battaglioni di fanteria e un battaglione di fanteria, per un totale di 2.133 uomini. Il comando fu affidato al colonnello Navarro.

Il 13 dicembre lasciarono la Russia gli ultimi spagnoli rimasti: il quartiermastro, i trasporti e lo Stato Maggiore del 31° Battaglione di Soccorso.

In URSS rimase la Legione Blu, che rimase solo fino all'inizio del marzo 1944, come vedremo nel prossimo capitolo.

Il 12 dicembre 1942, il generale Muñoz Grandes ricevette l'ordine di tornare in Spagna, nonostante la significativa opposizione tedesca alla sua partenza. Due giorni dopo, Adolf Hitler appuntò le foglie di quercia sulla sua Croce di Cavaliere dell'Ordine della Croce di Ferro, che già deteneva. Il comando passò all'allora comandante in seconda della Divisione, il generale Emilio Esteban Infantes Martín, che in seguito avrebbe ricevuto anch'egli la Croce di Cavaliere dell'Ordine della Croce di Ferro.

▲ Messa da campagna per gli uomini della DA (NEG).

▲ Arrivo affollato del generale Muñoz Grandes alla Estación del Norte di Madrid il 18 dicembre 1942 (LET).

▼ Il generale Muñoz Grandes passa in rassegna le truppe che devono essere rimpatriate dopo il duro soggiorno sul fronte russo (LET).

▲ Il generale Muñoz Grandes fuma una sigaretta mentre va a salutare il primo gruppo di rimpatriati del DEV. Il freddo clima sovietico si fa sentire nello spogliatoio spagnolo (LET).

▼ Un altro momento del primo rimpatrio del primo gruppo di soldati della divisione nel marzo 1942, a cui il generale Muñoz Grandes partecipò personalmente con i vertici del DEV. (LET)

▲ Si avvicina il momento della partenza e gli uomini stipati nei carri guardano fuori per vedere il loro comandante, il generale Muñoz Grandes. (LET).

▼ Il generale Muñoz Grandes fu sempre molto apprezzato dai suoi uomini, come si può vedere nella foto in cui saluta il primo gruppo di volontari che rientra in Spagna dopo aver prestato servizio per 7 mesi sul fronte russo. (LET)

▲ Commiato tra compagni prima di partire per la Spagna dopo essere rimasti sul fronte orientale (LET).

▼ Marzo 1942. Diversi divisionari non riescono a nascondere la loro gioia per l'imminente ritorno a casa, nonostante siano stipati nelle carrozze ferroviarie che li porteranno nelle retrovie. (LET)

▲ Il buon umore degli spagnoli fu mantenuto in molte occasioni nonostante le circostanze durante la loro permanenza sul fronte russo (LET).

▲ I Divisionari al loro ritorno in Spagna sono assistiti da personale femminile del partito nazista (LET).

▼ Il ritorno del colonnello Pimentel in Spagna dopo il suo soggiorno nella DEV. (LET)

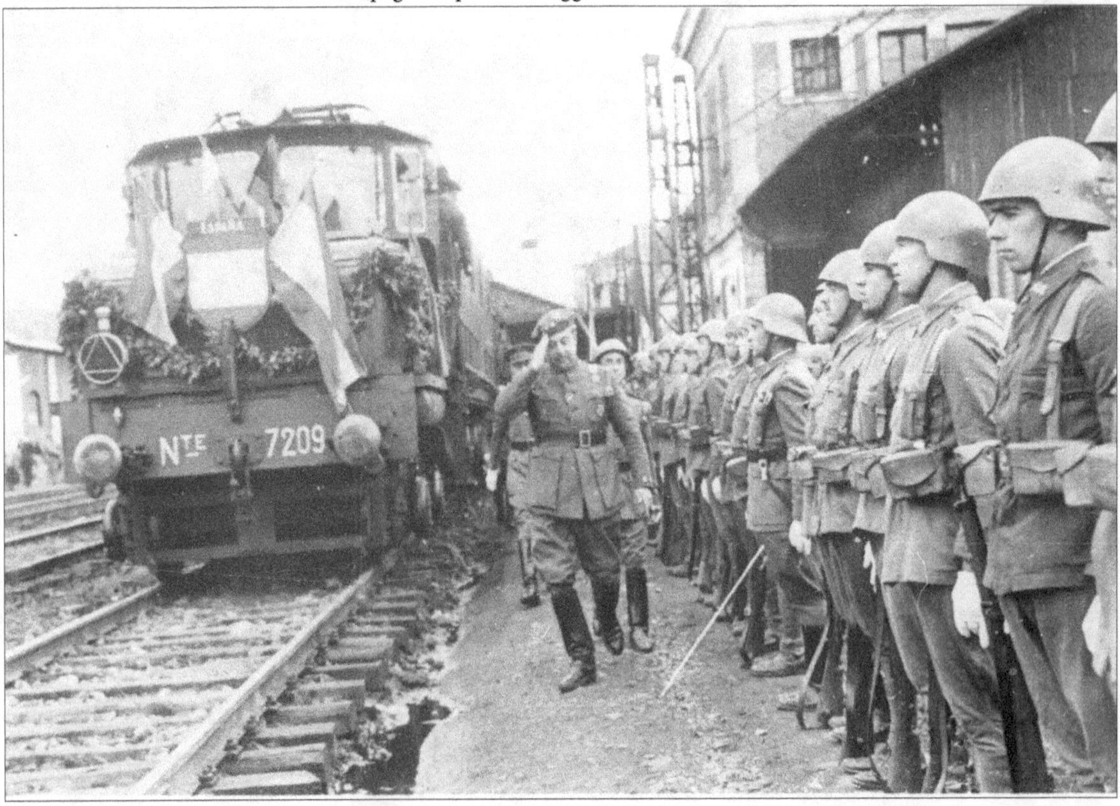

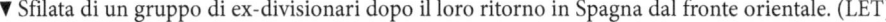

▲ Ritorno del colonnello Pimentel, comandante del 262° reggimento di fanteria della Wehrmacht della 250ª divisione di fanteria, con i suoi uomini il 24 maggio 1942 a Irún. Nella foto riceve un mazzo di fiori da Celia Jiménez, madrina della DA (LET).

▼ Sfilata di un gruppo di ex-divisionari dopo il loro ritorno in Spagna dal fronte orientale. (LET)

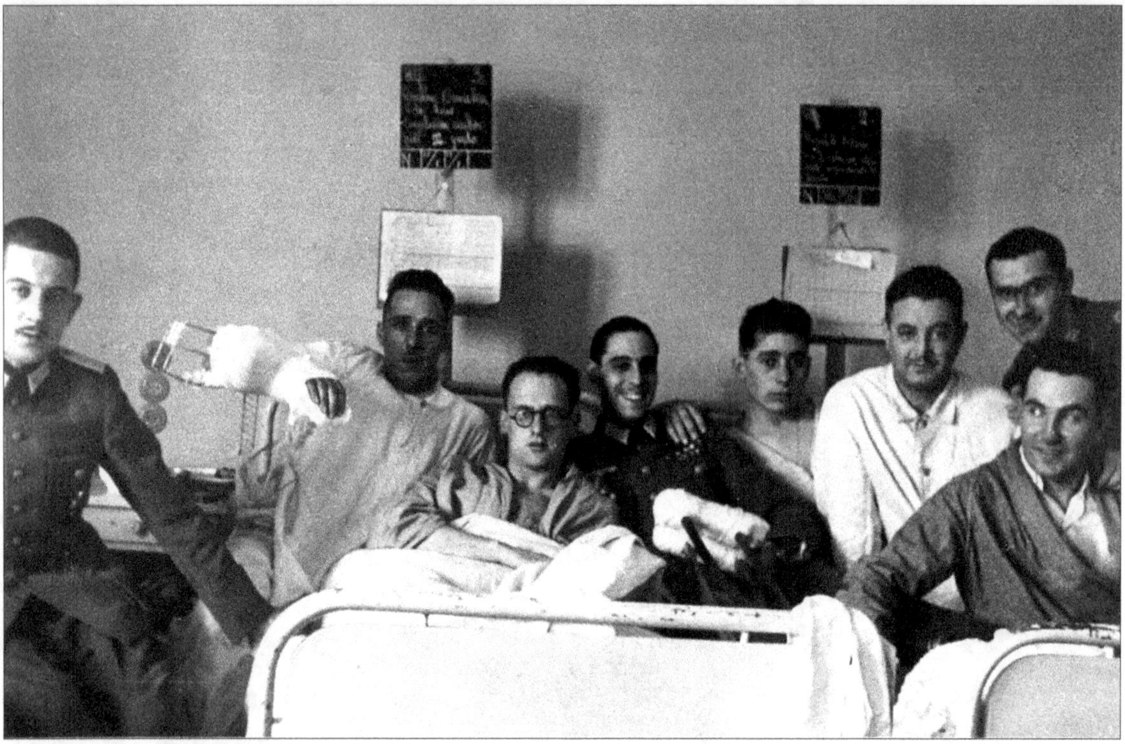

▲ Soldati feriti della DEV posano per il fotografo in un ospedale. (LET).

▼ Soldati DEV feriti nell'Ospedale di Maudes a Madrid. (LET).

▲ I cavalieri cadetti dell'Accademia di fanteria di Toledo indossano sulle loro uniformi un misto di decorazioni spagnole e tedesche (LET).

▲ Questo fiero veterano del fronte russo mostra un misto di insegne tedesche e spagnole. (LET).

▼ Tre veterani della DEV assistono alle lezioni dell'Università Complutense in camicia blu con l'aquila della Wehrmacht, la Croce di Ferro di 2ª classe e altre insegne spagnole. (LET).

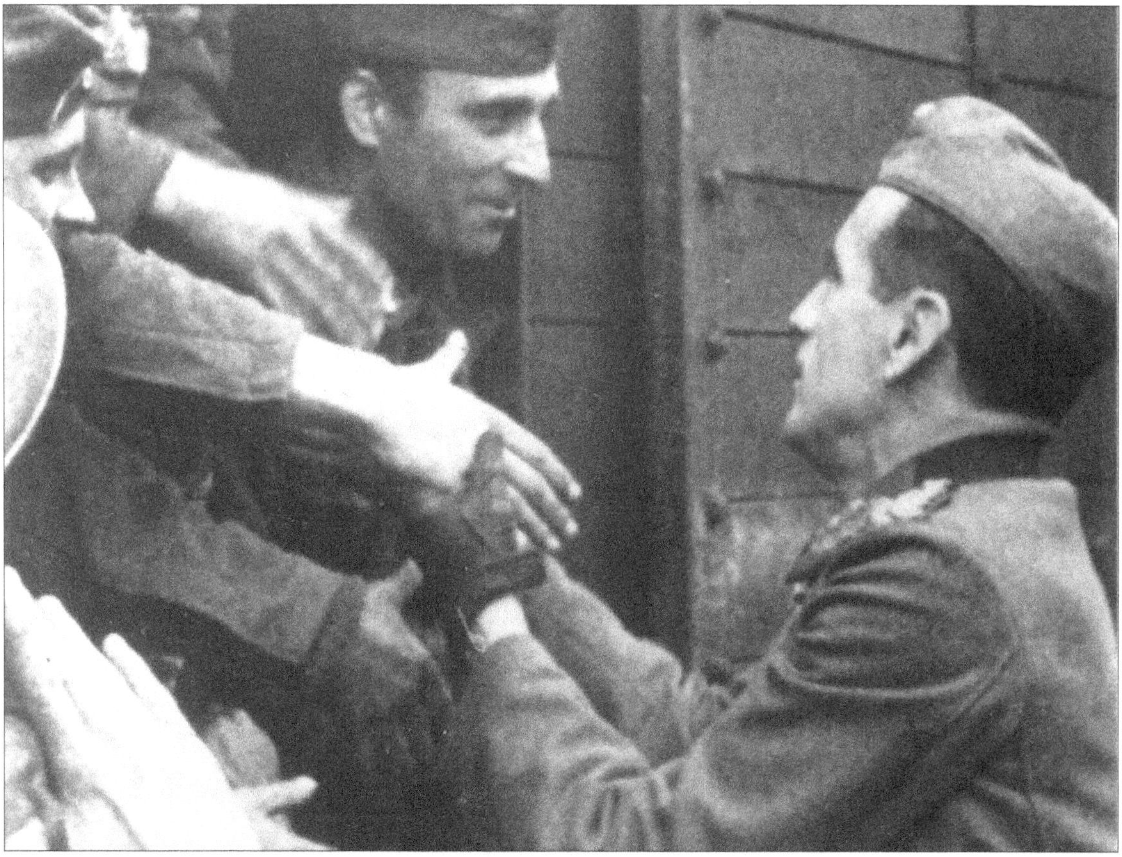

▲ ▼ L'addio a un battaglione di rimpatri da parte del generale Muñoz Grandes. (BVD).

▲ ▼ L'addio a un battaglione di rimpatri da parte del generale Muñoz Grandes. (BVD).

▲ Ritratto del tenente colonnello Zamalloa, accompagnato da un gruppo di membri del corpo sanitario della Divisione Blu, riuniti in una carrozza del treno al momento della partenza per la Spagna (BVD).

BIBLIOGRAFIA

Ailsby, C. Hell on the eastern front. The Waffen SS war in Russia. 1941-1945. Brown Packaging Books Ltd. 1998.

Alcaide, J. A. Berlín a muerte. Revista española de historia militar. Nº 10. Quirón Ediciones. 2001.

Antill, P. Berlin 1945. End of the thousand year Reich. Osprey Publishing. 2005.

Archivos del Ministerio de Asuntos Exteriores.

Arráez Cerdá, J. Les espagnols de la Wehrmacht. La División Azul. Ciel de Guerre 19. 2011.

Bajo las banderas del III Reich alemán. Españoles en Rusia, 1941-1945. Defensa. Mayo 1999.

Beevor, A. Berlín 1945. La caída. Memoria Crítica. 2002.

Berlin 1945. Magazine 39-45. nº 82. Hors-Série Historica. 2005.

Berlin 1945. Magazine 39-45. nº 83. Hors-Série Historica. 2005.

Biddiscombe, P. Los últimos nazis. El movimiento de resistencia alemán 1944-1947. Books4pocket 74. Inédita Ediciones. 2008.

Bishop, C. Hitler´s foreign divisions. Foreing volunteers in the Waffen-SS 1940-1945. Amber Books Ltd. 2005.

Bowen, Wayne H.: «The Ghost Battalion: Spaniards in the Waffen-SS, 1944-1945», The Historian, vol. 63 (2001).

Boyle D. La II guerra mundial en imágenes. EDIMAT Libros S.A. 2000.

Bueno, J. M. La división y la escuadrilla azul. Su organización y sus uniformes. Aldaba militaria. 2003.

Caballero, C. División Azul. Estructura de una fuerza de combate. Galland Books. 2009.

Caballero, C. Carlomagno. Voluntarios franceses en la Waffen SS. García Hispán. 2003.

Caballero, C. División Azul. Estructuira de una Fuerza de Combate. Galland Books. 2009.

Caballero, C. La División Azul. La Esfera de los Libros. 2019.

Caballero, C; Guillén, S: Las escuadrillas azules en Rusia, Almena, Madrid, 1999.

Caballero, C. Morir en Rusia. La División Azul en la batalla de Krasny Bor. Quirón Ediciones. 2004.

Caballero, C: El batallón fantasma. Españoles en la Wehrmacht y Waffen-SS, 1944-45, CEHRE y ACTV, Alicante-Valencia, 1987.

Caballero, C: Los últimos de los últimos. El batallón fantasma. Extra nº 53. Revista Defensa.

Caballero, C: Waffen-SS. Los centuriones del III Reich. Extra nº 21. Revista Defensa.

Cardona. G. El gigante descalzo. Aguilar. 2003.

Darman, P. Uniforms of world war II. Blitz Editions. 1998.

Davis, B. L. German army. Uniforms and insigniia. 1933-1945. Brockhamptom Press. 1992.

De Caixal, D. Waffen SS. Los templarios de Hitler en combate. Almena. 2003.

Escuadra, A: Bajo las banderas de la Kriegsmarine. Marinos españoles en la Armada alemana, Fundación Don Rodrigo, Madrid, 1998.

Ezquerra, M. Berlín a vida o muerte. García Hispán. 1999.

Fernández, F. Carros de combate y vehículos acorazados alemanes. Servicio de publicaciones del EME. 1988.

Fey, W. Armor battles of the Waffen SS. 1943-45. Stackpole Books. 2003.

García, A M. "Galubaya Divisia". Crónica de la División Azul. Fondo de Estudios Sociales. 2001.

García, M. Semíramis, 1954: El regreso de los cautivos de la División Azul. Nº 46 Revista Española de Historia Militar.

Gil Martínez, Eduardo Manuel. Españoles en las SS y la Wehrmacht. La unidad Ezquerra en la batalla de Berlín 1945. Almena. 2011.

Gómez, M S; Sacristán, E. España y Portugal durante la Segunda Guerra Mundial. Espacio, Tiempo y Forma. Serie V. Hª. Contemporánea, nº 2, 1989, págs 209-225.

Gómez, M S. España y Portugal ante la Segunda Guerra Mundial desde 1939 hasta 1942. Espacio, Tiempo y Forma. Serie V. Hª. Contemporánea, t 7, 1994, págs 165-179.

González Pinilla, A. La División Azul en el periódico Enlace. Gutiskland. 2018.

González Pinilla, A. La Legión Clandestina. Gutiskland. 2021.

Hamilton, A.S. Bloody Street. The Soviet assault on Berlin. Helion. 2020.

Heiber, H. Hitler y sus generales. Memoria crítica. 2005.

Holzträger, H. In a raging inferno. Combat units of the Hitler Youth 1944-45. Helion. 2000.

Jacobsen, HA. Dollinger, H. La Segunda Guerra Mundial. Volumen octavo. Plaza & Janés Editores S.A. 1989.

Keegan, J. Waffen SS. Los soldados del asfalto. Editorial San Martín. 1979.

Kent, C; Wolber, T; Hewitt, C. The Lion and the Eagle: German-Spanish Relations Over the Centuries ; an Interdisciplinary Approach. Berghahn Books, 1999.

Kleinfeld, G. Tambs, L. La división española de Hitler. La División Azul en Rusia. Editorial San Martín. 1983.

Kurowski, F. Hitler´s last bastion. The final battles for the Reich. 1944-1945. Schiffer Military History. 1998.

L´agonie du III. Reich. 1945. Berlin. Batailles & Blindés Hors-Serie nº 1. 2005.

Lagarde, J. German soldiers of world war two. Histoire & Collection. 2005.

La Segunda Guerra Mundial. Victoria en Europa I. Time Life Folio. 1995.

Lehmann, A. En el bunker de Hitler. Testimonio de un niño soldado que vivió los últimos días del Führer. Editorial El Ateneo. 2005.

Loringhoven, B. F. En el bunker con Hitler. Booket. 2007.

Lumsden, R. SS Regalia. Grange books. 1995.

Mabire, J. Los Waffen SS franceses. Los últimos defensores de Hitler. Biblioteca Nacionalsocialista Iberoamericana Volumen V. 2003.

Martínez Canales, F. Lenigrado 1941-44. Almena. 2009.

Mitcham, S W. German order of battle. Volume two. Stackpole Military History Series. 2007.

Mollo, A. The armed forces of World War II. Uniforms, insignia & organization. Greenwich Editions. 2000.

Morales, G; Togores, L E. Las fotografías de una historia. La División Azul. La Esfera de los Libros. 2008.

Moreno, X. Legión Azul y Segunda Guerra Mundial. Actas Editorial. 2014.

Moreno, X. La División Azul. Sangre española en Rusia, 1941-1945. Booket. 2006.

Muñoz, A. Göring´s Grenadiers. The Luftwaffe Field Divisions 1942-1945. Axis Europa Books. 2002.

Nart, J. El Jefe español de las SS. Interviú núm. 339, Madrid, noviembre de 1982.

Norling, S E. Guerreros de Borgoña. Historia de los voluntarios valones de León Degrelle en el Frente del Este. El ocaso de los Dioses (1944-1945). García Hispán Editor. 2008.

Norling, S E. Raza de Vikingos. La División SS Nordland (1943-1945). García Hispán Editor. Segunda Edición.

Norling, S E. The story of a Spanish Waffen SS-Officer. SS-Obersturmführer R. Luis García Valdajos. Siegrunen 79.

Núñez Seixas, X M: «¿Un nazismo colaboracionista español? Martín de Arrizubieta, Wilhelm Faupel y los últimos de Berlín (1944-45)», Historia Social, 51 (2005).

Pallud, JP. Parker, D. Volstad, R. Ardenas 1944: Peiper y Skorzeny. Ediciones del Prado. 1994.

Pérez, C A. Españoles en la Segunda Guerra Mundial (I) Combatiendo por el III Reich. 2006 (texto en internet).

Pérez, Manuel; Prieto, Antonio. Legión Española de Voluntarios en Rusia. Los últimos de la División Azul. Actas Editorial. 2014.

Peterson, D. Waffen SS Camouflage Uniforms & Post-War Derivates. Windrow & Green Ltd 1995.

Puente, M. Yo, muerto en Rusia. Memorias del Alférez Ocañas de la División Azul. Editorial San Martín. 2003.

Recio, R. Españoles en la segunda guera mundial (el frente del este). Vandalia. 1999.

Recio, R. González, A. Uniformes del ejército de tierra alemán. Heer 1933-1945. Euro Uniformes.

Recio, R; González, A. Das Heer. Uniformes y distintivos. Agualarga. 1996.

Ryan, C. La última batalla. La caída de Berlín y la derrota del nazismo. Salvat.2003.

Simons, G. La Segunda Guerra Mundial. Victoria en Europa I. Time Life Folio.1995.

Sourd, Jean-Pierre. True Believers. Spanish Volunteers in the Heer and Waffen-SS, 1944-1945, Europa Books, New York, 2004.

Sourd, Jean-Pierre. Croisés d´un idéal. Dualpha. 2007.

Torres Gallego, Gregorio. El gran libro de Diccionario del Tercer Reich. Tikal. 2009.

Torres Gallego, Gregorio. «Españoles en las Waffen SS. Italia, 1945», Revista Española de Historia Militar, nº10. 2001.

Trevor, H. R. Los últimos días de Hitler. José Janés Editor. 1949.

Tusell, J. Gran Crónica de la Segunda Guerra Mundial. Volumen 16. Edilibro. 1945.

Vadillo, F. Los irreductibles. García Hispán. 1993.

Waffen SS. Los centuriones del Reich. Defensa. Febrero 1993.

Westwell, I. Brandenburgers. The Third Reich´s special forces. Ian Allan Publishing. 2003.

Williamson, G. Las SS: Instrumento de terror de Hitler. Ágata. 2002.

Williamson, G; Andrew, S. The Waffen-SS (4). 24 to 38 Divisions & Volunteer Legions. Osprey Publishing. 2004.

Ziemke, E. F. La batalla de Berlín. Fin del Tercer Reich. San Martín. 1982.

SITOGRAFIA

web www.agrupacion1seis.com

web http://er.users.netlink.co.uk/biblio/ibarruri/armando.htm Política exterior franquista y la Segunda Guerra Mundial por Armando López Salinas

web www.exordio.com

web www.forosegundaguerra.com

web http://greyfalcon.us

web http://groups.msn.com/memoriadivisionazul/general.msn

web www.gutenberg-e.org

web www.hispanismo.org

web www.history.navy.mil/library/online/germandefberl.htm

web www.historynet.com

web HistoriasigloXX.org

web www.lssah.es

web http://memoriablau.foros.ws

web www.militar.org.ua

web www.mundosgm.com Forum.

web http://www.theeasternfront.co.uk

web usuarios.lycos.es/jnroldan/index.htm

web http://visantain.iespana.es/

web http://wikanda.cordobapedia.es

web Wikipedia. Varios artículos.

web www.ww2f.com

web www.zweiterweltkrieg.org Forum.

TITOLI GIÀ PUBBLICATI - TITLES ALREADY PUBLISHING

www.ingramcontent.com/pod-product-compliance
Lightning Source LLC
LaVergne TN
LVHW081452060526
838201LV00050BA/1780

9791255891185